用文字照亮每个人的精神夜空

领读文化传媒
LINGDU Culture & Media

微信 | 微博 | 豆瓣　领读文化

节日里的中国

清明

张勃 著

丛书主编 萧放

天津出版传媒集团
天津人民出版社

图书在版编目（CIP）数据

清明 / 张勃著 . -- 天津：天津人民出版社，2023.4
（节日里的中国 / 萧放主编）
ISBN 978-7-201-12993-8

Ⅰ.①清… Ⅱ.①张… Ⅲ.①节日 – 风俗习惯 – 中国 Ⅳ.① K892.1

中国国家版本馆 CIP 数据核字 (2023) 第 032803 号

清明
QINGMING

出 版	天津人民出版社
出 版 人	刘 庆
地 址	天津市和平区西康路35号康岳大厦
邮政编码	300051
邮购电话	（022）23332469
电子信箱	reader@tjrmcbs.com
责任编辑	李 荣
封面设计	欧阳颖
印 刷	北京金特印刷有限责任公司
经 销	新华书店
开 本	889毫米 ×1194毫米 1/32
印 张	8.5
字 数	212千字
版次印次	2023年4月第1版 2023年4月第1次印刷
定 价	65.00元

版权所有 侵权必究
图书如出现印装质量问题，请致电联系调换（022-23332469）

前　言

　　中华传统节日源远流长，历久弥新，千百年来，发挥着丰富生活、凝聚人心、传承文化、推动经济发展、促进社会和谐、缓释心理压力、满足情感需求等多种作用，是民族生活的时间制度和社会大众的精神家园。

　　中华传统节日是由多个节日单体共同组成的完整体系。这些节日单体彼此之间相互联系，却又各有其时，各有其史，各有其俗，各有其性，并以特有的方式协调着人与自然、人与社会、人与自我的关系。当然，这些节日在社会生活中的受重视程度不一，地位也有所不同。时在公历4月5日前后的清明节，无疑具有重要的地位，是中华传统节日体系中的一个大节。

　　清明兼具节气与节日的双重身份。作为节气，早在先秦时期已经出现，作为节日则形成于唐朝。在长期的历史积淀中，清明节拥有了十分丰富的习俗活动，并随着时代变迁继续传承发展。其中既有扫墓祭祖等仪式活动，又有踏青、拔河、荡秋千、放风筝等娱乐活动，还有祀蚕神、饭牛、植树等与农事有关的习俗活动。这些活动蕴涵着中国人对于生命本身以及生命个体与自然、社会、民族、家族、家庭之关系的基本看法和态度，可以大致概括为感恩情怀、生命意识与应时精神三个方面。

一 生身不忘宗，千里赶上坟——感恩情怀

感恩，包括两层含义：一是知恩，即一个人能够从内心意识到并记住他者对于自己的恩惠和帮助，并由衷生发出感谢之情；二是图报，即有回报别人恩惠的心愿和责任感，并努力体现于实际行动上。古人云："知恩图报，善莫大焉。"知恩图报，是人间最大的善行。知恩报恩的思想，是人类社会最值得提倡的伦理道德思想。

感恩之所以重要，根本上在于人既是一个由父母生养的血肉之躯，又是一个社会性的人，他从属于一个家庭、一个家族、一个社区、一个社会乃至一个民族、一个国家，若要在这个世界上存在、生活，首先要从它从属的组织、群体里获得一定的生存条件和发展机会，也即一定要受惠于某个组织或某个组织中的个人。得到恩惠，就要回报，只有形成受恩与回报的良性循环，个体才能与他人建立起良好的互助合作关系，社会才能有序和谐地运行。当然，感恩不止于人对人、对社会组织的感恩，人还要感恩自然。因为正是从自然界，人类获取了最基本的生产和生活资料。

我国至少在先秦时期就已经形成了知恩图报的思想，此后

代代相传，成为中国人的基本伦理道德规范。这种思想的外在表现之一，就是祭祀的盛行。在我国传统社会，祭祀的最主要目的在于感恩，应该受到祭祀的，是那些有功于民的、为国家鞠躬尽瘁死而后已的、有开国功勋的、能够抗御大灾害的、保卫百姓不受祸患的人物，是人民赖以识别四季的"日月星辰"和作为人民用度来源的"山木川谷丘陵"。如《礼记·祭法》中所说："夫圣王之制祭祀也，法施于民则祀之，以死勤事则祀之，以劳定国则祀之，能御大灾则祀之，能捍大患则祀之。……及夫日月星辰，民所瞻仰也，山林、川谷、丘陵，民所取财用也。"在这里，祭祀就是祭祀者对祭祀对象心存感激之情并以献祭方式进行回报的仪式。知恩图报思想的外在表现之二，就是人们极力赞扬那些知恩报恩的人或物，对忘恩负义之徒则进行无情的鞭挞。我国许多民间传说、故事、戏曲都是围绕着施恩报恩展开的，滴水之恩、涌泉相报者多获益，忘恩负义、恩将仇报者必受惩。从某种意义上说，与清明节有关的介子推传说，也是这一思想下的产物。

在节日期间对天地自然和有功之人进行祭祀，在我国是一种相当普遍的现象，如果说冬至祭天、夏至祭地、春分朝日、秋分夕月、仲秋报社，主要是感恩天地自然的话，那么清明节的扫墓祭祀，就主要是对有功之人的感恩。

众所周知，生命个体的存在是享受生命、营造生命价值的前提和基础，而这个存在来源于父母。"哀哀父母，生我劬劳。"因此，对一个生命个体而言，最大的有功之人是父母，所以父母之恩，恩重如山。对于父母的恩情，子女需要用"孝"来报答。在儒家思想里，孝就是："生，事之以礼；死，葬之以礼，祭之以礼。"清明扫墓（上坟）是"祭之以礼"。人们在清明节期间用祠堂祭拜、坟前祭拜、培修坟墓、烧纸钱、奉鲜花等多种方式来表达对去世父母的感恩之情。当然，父母的生命也是有来自的，所以清明时节不仅要祭祀自己的父母，还要祭祀列祖列宗。家族合祭，是对于血缘祖先的共同感恩。

然而，一个人若想在社会上幸福地生活，除了具备生命这个最基本的条件之外，还要拥有生产的技能，生活的知识，发现、领悟美的能力以及相对安定的社会秩序等，而这些的获得，很大程度上应归功于我们的前人。他们是民族和国家历史的创造者，民族和国家尊严的维护者，我们是在主要由他们创造、传承的物质文化、制度文化和精神文化中安身立命并实现自我价值的，所以他们也是感恩的对象。"报本崇初祖，数典颂轩辕。"清明节对黄帝、炎帝等人类始祖或人文始祖的祭祀，对革命先烈以及介子推、李冰、诸葛亮、戚继光等具有高风亮节或为国家、地方发展做出突出贡献的人的缅怀，同样是感恩情怀的动人释放。

人活在世上，应该懂得感恩，应该有感恩情怀。感恩情怀会将一个人导向对他人的尊重、关爱和宽容，并有利于社会的和谐与共荣。然而，感恩情怀并非生而有之，在很大程度上要依靠后天的培育。清明节以其特有的祭扫活动，将生者周期性地置于和先人共处的情境之中。"生身不忘宗，千里赶上坟。"在千里赶上坟的路途中，在先人的坟墓前，一个人总会重新回想记忆起所受到的恩惠，并由此激发、强化了报答之心。所以，清明节的扫墓活动，不仅是感恩情怀的体现，还是培育感恩情怀的重要时机。

二 慎终追远、珍爱生命、敢于担当、追求不朽——生命意识

生命意识是每一个现存的生命个体对生命的自觉认识，其中包括生存意识、安全意识和死亡意识等。"神龟虽寿，犹有竟时。螣蛇乘雾，终为土灰。"人类也难以逃脱死亡的厄运。个体的生命从呱呱坠地那一刻起划定了生命的起点，经历一段时间的滑动后，最终走向死亡。个体生命有死有生，生死异处，这是中国人很早就认识到的生命现实。基于这个现实，传统社会的中国人表现出的不是悲观消极而是乐观积极的人生态度。其一，他们看重生存价值，认为生命短暂而宝贵，必须珍爱生命。其二，尊重逝去的生命，慎终而追远。其三，努力超越生命的短暂，追求生命的不朽。这些关于生命的基本看法，在很大程

度上影响了清明节习俗活动的生成，并在清明节习俗活动中得以显现。

中国人珍爱生命的一个重要表现就是积极享受生活之乐，欣赏生命之美。踏青是清明节非常重要的习俗活动。此时，大江南北已是生机盎然。溪畔枫杨的爆芽，河边柳枝的抽绿，园里红杏的初绽，筑巢燕子的呢喃，都召唤着人们投入大自然的怀抱，走出家门，踏青郊游。踏青是对自然生命的热切关注，是对新生命的礼赞，是对生命之美的欣赏，同时具有养护生命的作用。民间的许多说法，如"佬小踏青，耳聪目明""老人踏青，返老还青"等，正是对踏青养生作用的艺术化概括。清明节的其他活动，如荡秋千、放风筝、斗鸡、踢球、踢毽子等，同样是对生命力的展现和张扬。杨柳、花树以及荡秋千、放风筝、踢毽子的人们，更共同构成一幅美丽的生命图景，一如唐朝诗人韦庄的那首诗所写："满街杨柳绿丝烟，画出清明二月天。好是隔帘花树动，女郎撩乱送秋千。"

中国人珍爱生命的另一个重要表现是呵护新生，对于新生命、新成员表现格外的关爱和重视，积极为其被家庭、社会所接纳创造条件。比如晋南过清明节给孩子蒸"指望馍"，表示对新生命的期望和祝福。在广东翁源，清明节有分祭肉的习俗，一般是每个男丁四两或半斤猪肉。但有谁家新生了儿子，并登入族谱，第一次祭祖可得一斤猪肉，叫作"新丁肉"。

人的一生不仅包括有尊严地生，也包括有尊严地死和死后被有尊严地对待。中国人不仅珍爱活着的生命，而且尊重逝去的生命，慎终而追远。在"生，祭之以礼，死，葬之以礼，祭之以礼"的要求中，我们看到的其实不仅是对前人的感恩，也是对逝去生命的尊重。清明节的祭祖和祭先贤、革命烈士，既是对他们功业的感谢与思念，也包含有对生命本身逝去的怀念与伤悼。值得注意的是，清明节扫墓所祭不仅是具有血缘关系的祖先和那些为国家社会做出突出贡献的有功之人，一些没有后代的普通逝者也会受到若干礼遇。比如在广东始兴，人们会集资买纸祭无祀之鬼，俗名"醮野墓"。在浙江云和，人们以祭扫孤魂为好事，故有"若要富，扫古墓"之说。而自明清以来，国家规定各府、州、县专门设立厉坛，每年清明日、七月望日、十月朔日都要致祭，举办"三巡会"。这虽然有防止厉鬼（无祀之鬼）祸害百姓、以为民患的考虑，但也体现了一种普遍的终极关怀。

生命是美好的，保持生命持久的鲜活，是许多中国人一直不变的努力。我国历史上有许多化生神话，就是先民们对生命与死亡问题的象征性解释，其中蕴含的是一种强烈的否定生命有限肯定生命无限的永生意识。然而化生毕竟是一种神话，秦皇汉武所苦苦寻求的长生不老之药也并不存在，然而中国人还是顽强地保持着生命可以延续以至不朽的信念，并积极寻找实现的路径。重要的路径之一便是血脉的传递。这使得中国社会特别注重家族的人丁兴旺以及子孙对祭祖扫墓仪式的参与。"有后人，挂清明，无后人，一光坟。"清明是否有人扫墓成为判定生命是否延续的一个标准。重要的路径之二，便是从事立德、立功、立言的"三不朽"事业。一个人的肉身虽然不再存在，但是他或因为高尚的品德，或因为拯厄除难的功业，或因为提出了重要的观点学说而被后人铭记在心、彪炳史册，同样可以永垂不朽，实现对有限生命的无限超越。这使得中国人又具有较强的生命担当意识和杀身成仁、舍生取义的牺牲精神。"苟利国家生死以，岂因祸福避趋之""人生自古谁无死？留取丹心照汗青"所表达的正是这样的生命意识。清明节对先贤、革命先烈的祭扫怀念，是感恩，也是对这种生命意识的肯定与赞扬。

　　珍爱生命、慎终追远、敢于担当、追求不朽的生命意识在清明节的习俗活动中得到充分体现，而对清明节众多习俗活动的参与，则是一种自然的生命意识教育过程。清明节，是生者与死者的对话。扫墓让生者在当下想起死者，意识到在连绵不绝的生命链条上，自己只是其中的一环。清明节，还是对死亡和生命的并置，它将"向死而生"的矛盾赤裸裸摆开了给人看。相信任何一个面对坟土墓碑的正常人都不会无动于衷："该怎样活着"必然成为他的追问。宋朝人高翥有首著名的《清明日》诗："南北山头多墓田，清明祭扫各纷然。纸灰飞作白蝴蝶，泪血染成红杜鹃。日出狐狸眠冢上，夜归儿女笑灯前。人生有酒须当醉，一滴何曾到九泉。"描写了他目睹清明节景物后对生命的思考，他的答案是"人生有酒须当醉"，而这正是珍爱生命、享受生命的诗意表达。清明节，还是对普通死亡和高尚死亡的并置，普通逝者得到怜惜，高尚逝者得到咏赞。面对着"烈士丰碑何巍峨，空中荡漾红旗歌。长垂塞上风云占，民族精英永不磨"的咏赞，对生命价值的思考以及生命担当意识也会在一个人心中油然而生。

三 赞天地之化育，辅万物之自然——应时精神

中国人讲究顺天应时，循时而动。这个时，是指时间，但不是简单的物理时间，而是被做了段落划分和属性赋予的文化时间。对此，《礼记·月令》中已有明确的表述。在这里，天象、物候、人事被统一组织到一个井然严密的时间秩序之中。时间被按月份划分为前后相续、依次出现又周期性循环的不同段落，天空中日月星辰的运转、位置的变化与大地上的草木荣枯、风雪雨霜、鸟飞南北、虫振虫伏，则成为时间段落推迁往复的具象表征；每个时间段落都被赋予了特殊的属性，各有其帝，各有其神，各有其虫，各有其音，各有其数，各有其味，各有其臭，各有其祀。按照顺天应时、循时而动的原则，人们要根据时间的属性和自然万物的特点来安排社会的生产和生活，决定自己

所当为和所不当为的事情，从而在人与自然之间达成一种和谐。顺天应时、循时而动，既意味着人要尊重自然规律，顺应外部环境；又意味着人要发挥自己的能动性，一方面通过自己的行为赞天地之化育，辅万物之自然，另一方面又借助自然之力来实现自身的圆满。清明节的诸多习俗活动体现了中国人的应时精神。

首先是尊重自然规律，不误农时。清明节正是春耕春种、养蚕采茶的大好时节。此时我国不少地方都有与农事相关的习俗活动，如前面所述占岁、饭牛、制茶、祭蚕神、轧蚕花、禳白虎、请蚕猫，等等，都有因时制宜的内涵。至于清明农谚，更揭示了人们对不误农时的要求。

其次是通过一些活动赞天地之化育，辅万物之自然。清明节有时在仲春之月（农历二月），多数在季春之月（农历三月），总之是个春天的节日。在中国人的心目中，春天的特性是"生气方盛，阳气发泄，句者毕出，萌者尽达"；"天地俱生，万物以荣"，身处春天的人就要在行动上与春天的特性保持一致，并有所助益。而像放风筝、荡秋千、镂鸡子、斗鸡子、斗鸡、踢毽、拔河等清明节的习俗活动，都具有运动、竞斗色彩，它们的举行，是对"生气"的抒发，是对阳气的襄助。

再次，借助自然之力以实现自身的圆满。这可以清明节的插柳、戴柳习俗为例。杨柳具有强大的生命力和旺盛的生殖力；

又发芽早。插柳、戴柳的目的，正是为了满足民众通过与柳的接触将其繁殖力和生命力转移到自己身上，从而强化自身生殖力、生命力的强烈欲求。民谚云"今世戴杨柳，下世有娘舅""清明不戴柳，红颜成皓首""胡不踏青，又过清明，胡不戴柳，须臾黄耇"，都将柳与人们对延续生命的欲求联系了起来。而清明节的食俗，如享用可以补阳气、益精气、强筋骨的鸡蛋、春饼、乌饭、青团等节令食品，同样被相信具有祛病强身、延年益寿的重要作用。

清明节蕴涵的感恩情怀、生命意识和应时精神，体现了对自然万物的尊重和关爱，对他人的尊重和关爱，对自我的尊重和关爱。过好我们的清明节，无疑具有重要的现实意义。

目录

壹　清明节的起源与流变　　　　　　　　　001

贰　香毂辚辚拜扫归——扫墓　　　　　　　037

叁　报本崇初祖——人文始祖祭拜　　　　　077

肆　梨花风起正清明——踏青　　　　　　　093

伍　人隔垂杨听笑声——荡秋千　　　　　　111

陆　剑心一动碎花冠——斗鸡　　　　　　　135

柒　忙趁东风放纸鸢——风筝　　　　　　　153

捌　万人同向青霄望——清明蹴鞠　　　　　173

玖　清明不戴柳，红颜成皓首——戴柳与插柳　187

拾　岂无青精饭，使我颜色好——清明食俗　205

拾壹　布谷声声劝早耕——清明农事忙　　　223

拾贰　清明——将生死并置　　　　　　　　243

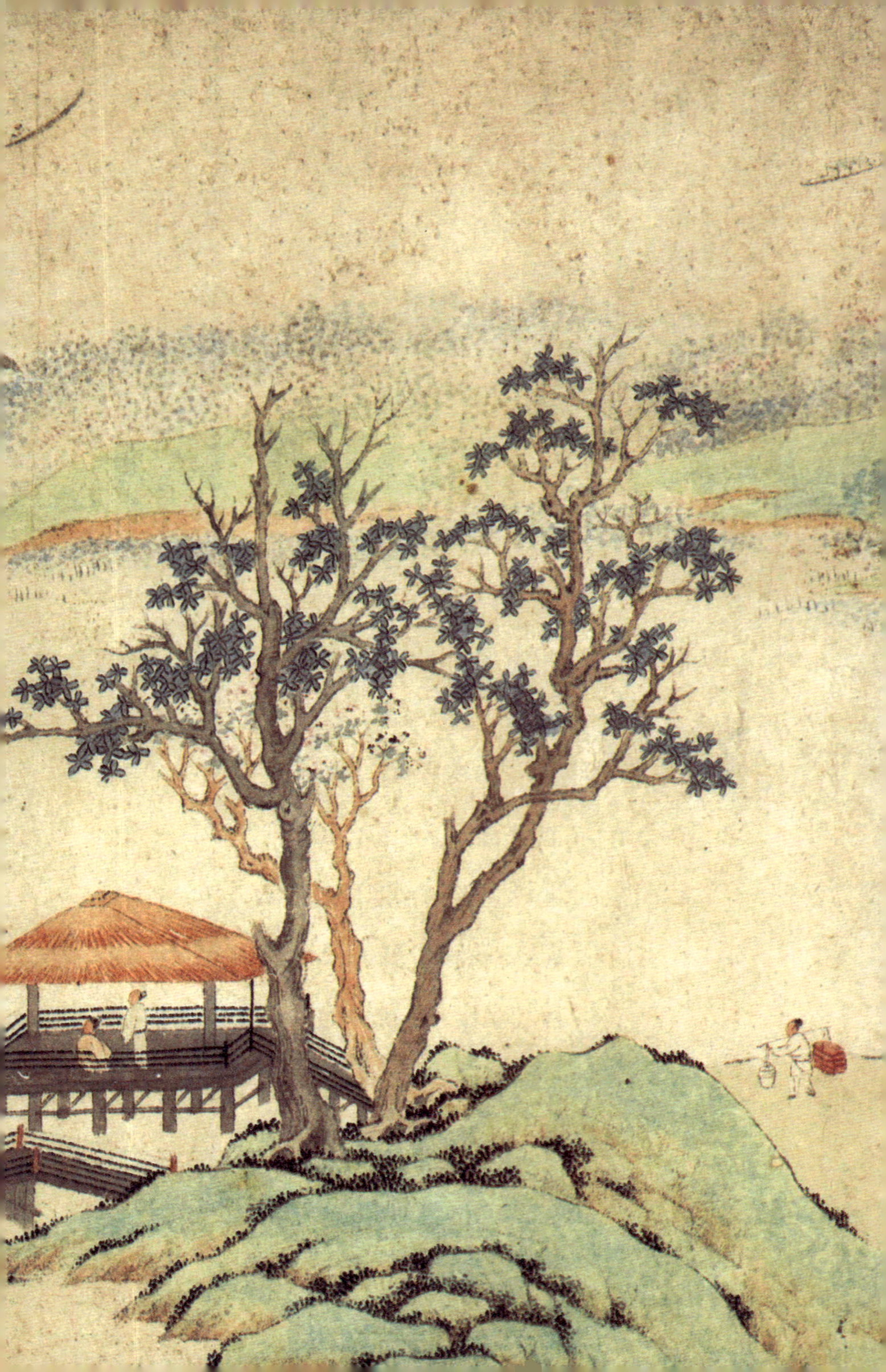

壹

清明节的起源与流变

浑圆的太阳，

从广袤的大地上升起。

草儿绿了，

桃花红了，荠菜花白了。

柳丝儿摇曳，显摆被和风梳理的惬意；

啄来新泥的燕子，用心修补着去年的窠巢，

这些对节令有着最本能的敏感的造物。

就这样，

伴随

一个叫作清明的节日，翩翩到来。

  清明，单是这两个字，就不知令多少人心驰神往。你或许想起一方被风刮得干干净净没有一丝尘埃的蓝色天空，想起一片被柔和的阳光赶走黑暗后形成的明亮，又或许想起一个梳着发辫的小女孩，沿着叮咚叮咚流淌的小溪，青青涩涩地笑着向你走来。你甚至还能想起包拯、海瑞，想起一切用廉洁、用正义为民请命的官员……而这一切，仅仅是因为你听到了"清明"

两个字。更何况，清明还是一个节日，一个在杂花生树、草长莺飞季节里走来的节日。

清明节是个不能不快乐的日子。寒冬渐行渐远，暖春渐行渐近，人们迫不及待地脱下厚重的棉衣，换上轻便鲜艳的春装，在吹面不寒的杨柳风中，在沾衣不湿的杏花雨中，踏青赏花、放风筝、踢毽子、荡秋千，尽情享受春意的盎然涌动。

清明节又是个不能不伤情的日子。我们的祖辈创造了它，让那些和祖辈一样必然走向同一归宿的后来者，去表达作为人永远无法摆脱的悲痛与哀伤。在这个日子及其前后的一段时间里，有多少人要去面对一个个冰冷无言的坟冢墓碑。那坟冢下掩埋的人，那墓碑上刻着名字的人，无论他曾经家财万贯还是一贫如洗，无论他曾经默默无闻还是远近皆知，都已永远离开人世。死者已矣，但生者的思念、对生死的思考又如何能轻易被墓碑坟冢阻断？

幸亏有清明。

有这样一个节日，生者能够来到死者面前，尽情诉说，哭泣，送鲜花，摆祭品，烧纸钱，添上一抔黄土。纵然是死者已经化为枯骨，已经看不到鲜花，尝不了祭品，生者却得以寄托绵绵无尽的哀思。而那经坟前泪水洗刷的心灵，仿佛总能在悼念中参透生的玄机，并因此焕发出春草一样的勃勃生气。

这就是清明，一个死与生交织的节日，一个欢乐与伤情共存的节日。这就是清明，在中国悠长精美的文化史上，它挟着生趣和深邃，从遥远的过去一路走来，走到现在，也将走向未来……

清明节溯源

清明节是何时出现的？又是如何出现的呢？对喜欢追根溯源、不乏好奇心的人来说，确实是两个极重要的问题。我们当然愿意给出自己的解释。不过，在此之前，还是让我们先来看看发生在很久很久以前的一段故事吧。

风云际会、变乱频仍的春秋时期，晋国。

姬诡诸嗣位，是为晋献公。献公十五年（前633），晋兴兵攻打骊戎，骊戎使出"和亲"之策，将两名女子纳于献公，一个叫骊姬，一个叫少姬。骊姬生得是花容月貌、妩媚动人，加上聪明伶俐、足智多谋，深得献公宠爱。献公不顾礼法规定，将其封为夫人（相当于后世的皇后）。但人心不足蛇吞象，骊姬并不肯满足现状。她一心想让自己的亲生儿子奚齐继承王位。但晋献公有子多人，如与狐姬生的重耳，与小戎允姓之女生的夷吾，与原夫人齐姜生的申生等。按当时确立王位继承人要遵循"立嫡立长"的原则，应该被立为世子（王位继承人）的是申生。事实上，早在骊姬生下奚齐之前，申生就已被立为世子。申生贤而无罪，要奚齐取而代之，谈何容易？但利令智昏的骊姬怎会善罢甘休！于是，她以牺牲自己的名誉为代价，造出受到申生调戏的谣言，设下毒计离间献公与申生父子二人。献公偏听偏信，申生被迫自缢身亡。申生已死，骊姬可以放心了吧？不，还不行，因为还有重耳、夷吾等人，他们也是奚齐嗣位路上的绊脚石。"黑云压城城欲摧"，万般无奈之下，身陷困境的重耳、夷吾只得离国逃难去了。

重耳逃难之时，有一些大臣陪同随行，他们是赵衰、狐偃、先轸、介之推（又名介子推）等人。流亡期间的甘苦辛酸，这里不必细说。经过十九年的颠沛流离，重耳终于返回晋国，登上王位，就是后来赫赫有名的春秋五霸之一晋文公。晋文公行复国之赏，很多人都从中受益匪浅，尤其那些从亡人员，更是所获多多。唯有介之推一人例外。

对这件事，《左传》中有记载：晋文公赏赐了跟随他一起流亡的人员，介之推没有要什么赏赐，晋文公也没有赏赐他什么。其他几个随亡人员以为重耳当上

〔南宋〕李唐《晋文公复国图（局部）》

国君是自己的功劳，对此介之推很有些看不惯，认为重耳当上国君，不是哪个人的功劳，而是上天的旨意。因为老天还不想让晋国灭绝，就必然有人当它的君主，晋献公九个儿子，只有重耳还在人世，他不当谁当？！而有人居然视为自己的功劳，实在是贪天之功以为己力！介之推耻于和这帮居功自傲的人同朝为官，便和母亲隐居起来，一直到死。后来，晋文公又想起介之推，去找他但没有找到，便下令以绵山为介之推祭田，以此记下自己的过错，旌扬介之推的所作所为。

就是这个历史事件,经过一代代民众的加工敷演,渐渐成为情节丰富、广泛流传的民间传说,成为清明节和寒食节起源的最权威、最普遍的民间阐释。目前常见的对清明节、寒食节起源的解释,大多就是这个民间传说。其基本情节是:

重耳一行人因国难流亡在外,跋山涉水经历了千辛万苦。有一次迷了路,大家找不到东西吃,重耳也饿得奄奄一息了。眼看走投无路,重耳绝望地说:"重耳饿死事小,只怕晋国的老百姓没有出头之日了。"跟随他逃难的介之推听后想:"公子在落难时仍不忘子民，将来必定是个贤君，我要救他性命，并尽力保他登上王位。"他偷偷从自己大腿上割下一块肉，煮给重耳吃了。重耳知道后非常感激，说："你如此待我，叫我如何报答呀！"介之推说："说什么报答！只盼望公子记住我这片苦心，日后多多关怀百姓疾苦，做一个清明的国君。"

后来当上国君的重耳对流亡期间跟随的诸大臣进行封赏，独独忘记了介之推。有人抱不平在他面前提起往事，晋文公幡然悔悟，亲自带人到介之推的老家绵山探望。但介之推早已和老母隐入绵山。晋文公寻人不果，这时有人献计说，介之推是远近有名的孝子，只要放火烧山，他就会背着母亲跑出来。眼看没有更好的办法，晋文公便下令在山前山后放火。哪曾想风猛火烈，大火烧了三天三夜，也不见介之推母子的影踪。原来二人已经烧死于柳树之下。但见介之推身下压着一片衣襟，上面斑斑驳驳有几行血书：

柳下做鬼终不见，强似伴君作谏臣。

割肉奉君尽丹心，但愿主公常清明。

倘若主公心有我，忆我之时常自省。

臣在九泉心无愧，勤政清明复清明。

晋文公看罢，又难过又悔恨，珍重地将这片衣襟放入袖中,并将这一天定为寒食节,通令全国不许动火,一律吃冷食。

第二年,文公又带领百官到绵山祭奠介之推,先在山下寒食一日,第二天上山一看,去年那棵老柳居然又发出嫩绿的新枝,他百感交集地折下一条柳枝,编了个柳圈儿戴在头上,群臣一见,纷纷效仿。这天正是二十四节气中的清明,晋文公就封这棵柳树为清明柳,定这天为清明节。

相信任何一个人,只要读过这则传说,都会为介之推感到愤愤不平、扼腕叹息!这就难怪唐朝诗人卢象会发出"可叹文公霸,平生负此臣"的无限感慨;也就难怪善良正义的民众会为介之推安排一个颇具浪漫主义色彩的结尾,并将它与两个节日的起源联系起来。

山东一些地方,将清明前禁火寒食与秃尾巴老李传说联系起来。从前有一对夫妇,丈夫姓李,妻子长期不育,后来终于怀孕,却生下一条小龙,他父亲见生了个怪物,便用斧子去砍,结果把小龙的尾巴给削去了。小龙忍着疼,从烟囱里钻出去逃走了,一直逃到了东北一带。因为没有了尾巴,人们都喊小龙为秃尾巴老李。秃尾巴老李很孝顺，母亲去世后，他每年清明节都要回来给母亲上坟。因为他是从烟囱逃走的，每年清明节还要钻烟囱回来。人们怕烧伤秃尾巴老李，于是清明节到来时便不再用火了。

传说终归是传说。在生活中，传说完全可以被用来解释清明节的来历，也完全可以用来抒发民众最真实最美好的情感；但在学术领域，它并不足以解释清明节真正的起源。

清明节的源头很遥远，但还没有遥远到介之推生活的春秋时期；沿着它走过的路线回望，越过上千年，我们将目光定格在中国历史上最为辉煌的大唐——它是清明节生成的朝代。

唐以前的文献资料中没有关于清明节的记载。即使宗懔的《荆楚岁时记》中也没有。这部南北朝时期出现的、我国第一部岁时节日的专门著作，对于当时流行的诸多节日，如元日、人日、立春、正月十五、正月未日、正月晦日、二月八日、春分日、社日、寒食、三月三日、四月八日、四月十五日、五月五日、夏至、伏日、七月七日、七月十五日、八月一日、八月十四日、秋分、九月九日、十月朔日、冬至日、十二月八日、除夕等，都一一作了介绍和描述，却唯独对清明节未着一字。杜台卿的《玉烛宝典》成书于毗邻唐朝的隋代，其中亦无清明节的踪迹。但时至唐朝，关于清明节的记载就比比皆是了。官方正史、野史笔乘、诗歌文论，无不向我们展示着唐朝人过清明节的方式和内容，同时也展示着清明作为节日的现实存在。唐朝诗人杜甫的这首《清明》诗就写出了当时清明节的热闹与繁华。

>著处繁华矜是日，长沙千人万人出。
>渡头翠柳艳明眉，争道朱蹄骄啮膝。

那么清明节是如何形成的呢？

说到清明节的形成，我们就不能不谈到清明节气。二十四节气是中国传统历法的重要内容。

时间是人类存在的一个维度，历法则是时间的表记。简单地讲，历法就是依据天文的客观规律，按照某种人为的规定，把"年""月""日"等合理地编排起来，以便人们由此安排各种活动的方法。中国传统历法通常被称为阴历（由于它与农业生产之间的密切关系，也被称作农历），以与现在世界普遍通行的阳历[1]相区别。但它又并非天文学意义上的阴历。天文学意义上的阴历，

---

[1] 阳历以太阳的周年视运动周期——回归年作为制历依据。以春分点作为起算点，太阳沿黄道运动一圈又回到春分点的时间间隔为回归年，其长度为365日5小时48分46秒。阳历每年的月份、日期都与太阳在黄道上的位置符合。一年分为十二个月，这里的月是人为规定的，与月亮没有任何关系。

仅是以月亮的运动为天文依据，采用朔望月[1]作为基本周期，和太阳视运动[2]没有任何关系。中国的"阴历"，实际上是一种兼顾月亮的运动和太阳视运动，既要考虑历月和月相变化的对应、又要考虑历年与季节变化相协调的阴阳合历，月的长度根据朔望月的周期而定，年的长度是当年月份长度的累积。同时它还有二十四节气的设置，而二十四节气是考虑太阳视运动的结果。二十四节气与朔望月配合使用，正是我国传统历法的独到之处。

二十四节气是古代劳动人民在长期生产实践中不断求索、认知、总结的智慧结晶。最迟在殷商时代，先民开始有了夏至、冬至的概念。成书于战国前的《尚书·尧典》则讲到了四个节气，是为日中、日永、宵中、日短，即后来的春分、夏至、秋分和冬至。后来又增加了立春、立夏、立秋、立冬，有了八个节气。西汉时期，包括立春、雨水、惊蛰、春分、清明、谷雨、立夏、小满、芒种、夏至、小暑、大暑、立秋、处暑、白露、秋分、寒露、

---

1 月亮位于太阳和地球之间，其经度与太阳相同的时刻叫"朔"，月亮位于地球的另一边而经度与太阳相差180度的时刻叫"望"。从朔到朔或从望到望的时间间隔即为"朔望月"。一个朔望月的平均长度是29日12时44分3秒。朔望月的长度是月亮盈亏的周期。

2 太阳视运动，天文学术语，由于地球的自转，使位于地球上的人看到太阳每天都是从东方升起，在西方落下，从而认为是太阳绕地球运动的。由于客观上地球是作为行星绕着恒星太阳转动的，所以太阳视运动只是人的一种观测表示，并非事实。

霜降、立冬、小雪、大雪、冬至、小寒、大寒等在内的完整的二十四节气系统正式形成，并于汉武帝太初元年（前104）被订入历法之中。自此以后，虽然王朝屡有更替，历法多有变迁，二十四节气却始终是不同王朝不同历法里的核心内容。直到今天，我们在现行历法中还可见二十四节气的踪影。

很显然，作为节气的清明，早在汉代以前即已出现。汉淮南王刘安在他的《淮南子·天文训》中已经明确指出：

（春分）加十五日，斗指乙，则清明风至，音比仲吕。

古人之所以将春分后的这一节气称为"清明"，是由于"万物生长此时，皆清洁明净"的缘故。不过话又说回来，节气终究只是太阳视运动的一种反映，是气候、物候变化的标志，与富有人文意义、充满情感、包含特定活动的节日在性质上是完全不同的。因此，节气清明的出现并不意味着节日清明的诞生。但我们无法否认节气清明的存在对节日清明产生的重要意义。因为与那些普通平凡的日子相比，具有标志意义哪怕只是标志气候、物候转化的节气是更容易突出出来成为节日的。事实上，我国传统社会中，确有不少节日是从节气转化发展而来的。冬至是，夏至是，立春是，清明也是。

正因为与清明节气有密切关系，清明节在我国流传至今的诸多传统节日中就多少显得有些特殊。想想看，春节在农历正月初一，元宵节在农历正月十五，端午节在农历五月初五，七夕节在农历七月初七，中秋节在农历八月十五，重阳节在农历九月初九，它们中哪个节期在农历中不是固定的？唯有清明节，在农历中变动不居，却相对固定于公历的4月5日前后。

不过，仅仅说明清明节日与清明节气的关系并不能回答清明节的起源问题，因为清明节气早在汉代以前已经存在，清明节日却是到了唐代才出现。这样来看，节气不过具备了向节日转化的可能性而非必然性，清明节气向清明节日的转化，当有着更为复杂的原因。

清明节的兴起

寒食节的盛行

生活在现代的人们无论如何都难以相信，我们的祖辈居然曾经在滴水成冰、风雪旋卷的隆冬季节，在几天、一个月甚至更长的时间里禁止用火，以吃冷食度日，哪怕有人不堪寒冷冻饿而死亦不能放弃。但这绝非荒诞无稽的天方夜谭，而是千真万确的历史事实。至少在两千年以前的汉代，太原一带的居民就是这样做的。这段禁止用火只吃冷食的日子，就是寒食节。两汉之际的桓谭在他的《新论》一书中有记载：

> 太原郡民以隆冬不火食五日，虽有疾病缓急，犹不敢犯。

人们为什么要在最需要用火热食的季节选择禁火寒食的生活方式？学者们对此见仁见智，观点不一，而民众也有自己的说辞。前面那则关于介之推的传说就是民众对寒食节起源的权威解释。其实这个解释至少在汉代就已经出现了，比如《后汉书·周举传》就提道：

> 太原一郡旧俗以介子推焚骸，有龙忌之禁，至其亡月咸言神灵不乐举火，由是士民每冬中辄一月寒食，莫敢烟爨。老小不堪，岁多死者。

当时的太原人相信介之推死后变成了神，他是被火烧死的，所以不喜欢在自己焚死的月份里看见火。人们害怕介之推神灵的惩罚，于是一个月里都不敢用火，只好吃冷食。不少年老体弱的扛不过去，就送了性命。

昔介子推怨晋文公赏从亡之劳不及己，乃隐于介休县绵山中。其门人怜之，悬书于公门。文公寤而求之，不获，乃以火焚山。推遂抱树而死。文公以绵上之地封之，以旌善人。于今介山林木，遥望尽黑，如火烧状，又有抱树之形。世世祠祀，颇有神验。百姓哀之，忌日为之断火，煮醯酪而食之，名曰"寒食"，盖清明节前一日是也。中国流行，遂为常俗。（贾思勰《齐民要术》）

习俗的力量有时就是那样大得惊人。即便不少人为此丢了性命，禁火寒食的习俗还是存续下去了，而且流传区域越来越广，时间也变得越发长了起来。到曹操当权的时候，他居然听说"太原、上党、西河、雁门冬至后一百有五日皆绝火寒食"。曹操还听说这一切都是因为人们害怕介之推，若是有人犯了忌，惹恼介之推，他就会降下雹雪之灾。曹操是何等理性英武之人，他根本不信这个邪！他不仅将介之推贬斥一通，说他不过是"晋之下士，无高世之德"，而且下令不许人们再禁火寒食，否则要受到严厉处罚，"家长半岁刑，主吏百日刑"，连地方官也要被停发一个月的工资。曹操之后，以建立后赵政权闻名的羯人石勒，以大刀阔斧进行汉化改革闻名的北魏孝文帝，都曾下令禁断过寒食。不过，官方的禁断并没有阻止寒食节扩张的势头，《齐民要术》（约成书于6世纪）在描述寒食节的范围时已使用了"中国"一词，稍后成书的《荆楚岁时记》也告诉我们，在作者宗懔生活的年代，寒食这个发源于北方的节日已经在南方的荆楚一带流播开来了。

> 去冬节一百五日，即有疾风甚雨，谓之寒食。禁火三日，造饧大麦粥。……斗鸡，镂鸡子，斗鸡子。……打毬、秋千、施钩之戏。

《荆楚岁时记》对寒食节的这些记载，透露出寒食节在南朝发生的对后来寒食节的发展具有重要影响的两个变化。其一是将节期固定在冬至后一百零五日，其二是节俗活动从早期单一的禁火寒食开始向娱乐性的方向发展。

光阴流逝，历史老人的足迹踏进了唐代。这是一个至今令所有中国人都为之自豪的朝代，国家统一、政治清明、物阜民丰，社会相对安定，人们的精神面貌也大为改观，人性得到较自由的发挥与张扬，呈现出蓬勃向上的大唐气象。在这种大背景下，唐人在寒食节从事一系列特征鲜明、格调突出的节俗活动，从而将寒食节过成唐代最引人注目的节日之一。敦煌文书中存有时人王冷然的《寒食篇》，非常典型地概括了寒食节在唐代节日体系和唐人心目中的地位。其中有诗云：

〔南宋〕李嵩《明皇斗鸡图》

天运四时成一年,八节相迎尽可怜。

秋贵重阳冬贵腊,不如寒食在春前。

早在初唐时期,寒食节就已经风靡全国,不仅"普天皆灭焰,匝地尽藏烟",寒食上墓也已经蔚然成风,斗鸡等活动更在初唐时期的民间广泛流行。初唐时期，时在冬至后一百零五日的寒食节的盛行对于清明节兴起的重要意义，在于它突出了清明节气的重要性，并使其成为寒食节的组成部分。

前面已经说过，二十四节气是根据太阳在黄道上的位置变化确定的。相邻两个节气之间的间隔大致是十五天，冬至距离清明的间隔大约为一百零六天或一百零七天，这种表示时间的方法在唐代很流行，为唐人所熟悉。因此，当初唐时期以冬至为参照系、寒食节已经固定于冬至后一百零五天时，若以清明为参照，这个日子就在清明前一日或两日。由于寒食节的节期其实并不仅仅只有一天，距冬至一百零五日的那天其实只是寒食节的标志性时间，所以清明节气日就成为寒食节的一部分，所以清明节气日就不仅从一年三百多个常日里突出出来，也从二十四节气里突出出来。

改火——寒食节禁火习俗的重构

改火曾经是世界范围内普遍流行的一项非常古老的习俗，在我国也是古已有之。对于改火习俗的成因，汪宁生先生在《改火与易水》中有过如下论析：

> 改火之俗原与古人用火方式有关。虽然旧石器时代人们即发明人工取火方法，在实际生活中并不是动

辄就生新火，而是采取保存火种使其昼夜不灭的方法，来保证人们取暖、炊爨、照明等日常需要……在远古人类心目中，万物有灵，火自不能例外。火焰的不断跳动，小火迅速变成大火，再加上火种的长年不灭，使火更像一种有生命之物。故世界上拜火习俗普遍盛行，凡是人类遭受与火有关的灾难，都认为是火的精灵作祟。而由于火种长年不灭，又使人们认为作祟者多是这些旧火……人们为了免除旧火的危害，除了平常对火要小心地供奉献祭及恪守一系列禁忌外，还要举行禳解仪式，定期改火即其中的一种。

有关我国改火的记载，比较早的出现于《管子》一书中。《禁藏》篇载阳春三月，要修屋修灶，还要钻燧改火，掏井易水，以此去除毒害。《论语·阳货》中也提到钻燧取火之事，由此可见先秦时代改火习俗的盛行。

改火之制一直延续到东汉时期。《后汉书·礼仪志》中还有"冬至日要钻燧改火"的明确说法。不仅如此，我国还有专治改火的官吏，周代时叫司爟，"掌行火之政令，四时变国火，以救时疾"。汉代时叫别火丞，也负责改火的具体事宜。但是，汉代以后的一段时间内，改火之制停止了。只是到了隋代，又有人旧事重提，并得到最高统治者的支持。《隋书·王劭传》云：

> 王劭，字君懋，太原晋阳人也。……劭以古有钻燧改火之义，近代废绝，于是上表请变火，曰："臣谨案《周官》，四时变火，以救时疾。明火不数变，时疾必兴。圣人作法，岂徒然也！在晋时，有以洛阳火渡江者，代代事之，相续不灭，火色变青。昔师旷食饭，云是劳薪所爨。晋平公使视之，果然车辋。今温酒及炙肉，用石炭、柴火、竹火、草火、麻荄火，气味各不同。以此推之，新火旧火，理应有异。伏愿远遵先圣，于五时取五木以变火，用功甚少，救益方大。纵使百姓习久，未能顿同，尚食内厨及东宫诸主食厨，不可不依古法。"上从之。

在这篇上书中，王劭先说改火是《周礼》中已经记载的古代传统，从而使自己的上书师出有名。接着以前人经历为例说明火若不改，则火色变青，又有经验证明新火旧火理应有异。然后提出既然改火用功甚少，作用甚大，当然应该改火。最后，为了使自己的建议更具可行性，提出先从宫廷内部做起。王劭的上书有理有据，层层推进，难怪得到了隋文帝的首肯。"上从之"，意味着曾为古礼又一度湮没人世的改火之制，因为个别文人的提倡和最高统治者的认可而梅开二度！

到了唐代，改火的做法不仅在宫廷中也在民间普遍流行开来。与前代不同的是，唐代的改火虽然深受被官方和知识精英视为周代定制的"四时变国火"的影响，但并没有按照"四时变国火"的法则行事，而是以"礼标纳火之禁，语有钻燧之文"为依据，借取了在民间已广为流行的寒食节的禁火习俗，将改火集中于寒食清明期间，一年进行一次。从当时的资料文献可以看出，时人普遍的做法是，寒食节来临时将正用的火熄灭，到清明日再取得新火。这一灭一取构成了唐代的改火活动，寒食节的禁火则在事实上被重构为改火活动的组成部分，寒食节灭的火与清明日取的火也被分别赋予"旧"和"新"的不同价值。显而易见，改火活动中，"旧火"是被遗弃的，"新火"是被渴望的；取得新火是目的，灭掉旧火是准备。总之，在改火活动中，清明日由于是取得新火的时间而越发从常日里突出出来，这自然有助于清明日的独立成节。

天宝十载三月敕："礼标纳火之禁，语有钻燧之文，所以燮理寒燠，节宣气候，自今以后，寒食并禁火三日。"（载《唐会要》卷二十九）关于"礼标纳火之禁"，其依据当是《周礼·秋官·司烜氏》"中春以木铎修火禁于国中"、《周礼·秋官·司爟氏》"司爟掌行火之政令，四时变国火，以救时疾。季春出火，民咸从之。季秋纳火，民亦如之"等说法。"语有钻燧之文"当出自《论语》中的一段话："宰我问：'三年之丧，期已久矣。君子三年不为礼，礼必坏；三年不为乐，乐必崩。旧谷既没，新谷既升，钻燧改火，期可已矣。'"

另外，还有一项与改火有关的活动也有助于引发许多唐人关注清明日，这就是皇帝对大臣的"赐新火"。清明日，宫廷中要钻燧取火，据《辇下岁时记》载："至清明，尚食内园宫小儿于殿前钻火，先得火者进上，赐绢三匹，金碗一口。"皇帝则将钻取的新火分赐给诸位臣工。唐代赐新火的仪式在谢观的《清明日恩赐百官新火赋》中有较为明晰的描述。遥想"出禁署而萤分九陌，入人寰而星落千门"的场景，当是何等的壮观辉煌！盛大的仪式不仅局限于宫中，它还被引出宫门，我们不难想象它将如何引发整个都城的震动！人们翘首以待，持着并不完全相同的心情，拥着挤着，站成两堵厚厚的人墙，张大双眼，看持着火把的人员把新火连同皇帝的恩德分送出来……我们应该知道，有一分对赐新火盛大仪式的热望，便会多一分对清明日的期待。于是，在赐予、接受、目睹、耳闻、传递新火中，时人对清明日的印象变得更加深刻。

改火和取新火的习俗，在很多少数民族的传统中也是非常重要的仪式。

［北宋］张择端《清明易简图（局部）》

　　取新火，云南沧源佤族旧时拜火习俗。农历每年的三月初三至初六日举行。届时打扫寨子，由头人组织专人往各户浇灭旧火，并向每户收取些许旧灰、食盐、一碗大米和其他食品，送往祭司家中。祭司杀鸡酹酒，将鸡和所有旧灰带至村外深埋，表示送走灾难。继之以古老的摩擦法取火，擦出火苗，燃大，并由旁人点响土炮庆贺。随后，各家用火把接燃新火，引回家中以为吉祥。为庆祝取回新火，各家要用一块新春的米饼到祭司家祭祀火种。活动结束后，举寨跳歌欢庆。

磨竹起火，拉祜族的一种原始取火方法。苦聪人有一首唱火的古老的歌："火啊，你是苦聪人的生命，你是苦聪人的希望；火啊，你给苦聪人带来温暖，你是苦聪人生活的光。"旧时，一部分苦聪人躲进哀牢山的原始森林，没有定居条件，缺乏挡风遮雨的房屋，加之雨季长，雨水多，火种很难保存。一旦火种熄灭，要想得到一个小小的火种，那就要付出艰巨的劳动。首先找来"闷扎敝"（火草叶），然后，再用竹片一下一下来回不停地摩擦，直到竹片发热迸出的火星把火草点燃，才能得到火种。故苦聪人把一团小小的火种看得比生命还宝贵，得由寨子中的执事老人指派专人看护。在迁徙途中，如遇上风雨，他们的头等大事就是保护火种。看护火种的人如果失职，那就要受到全寨人重罚。（唐祈、彭维金主编《中华民族风俗辞典》）

当然，我们还要提一提寒食节的墓祭习俗。寒食墓祭在初唐时期已在民间盛行，并在唐玄宗时被编入《大唐开元礼》，成为国家礼制的一部分。至少在中唐时期，墓祭时给死者送纸钱也已蔚然成风,著名诗人张籍有"寒食家家送纸钱"的诗句。不过,由于寒食节期间禁火的要求,纸钱不能烧而只能抛撒或压于坟顶或挂于某处。这种对纸钱的处理方式有一定的缺陷。正如王建在他的《寒食行》里所问:"三日无火烧纸钱,纸钱那得到黄泉?"相信燃烧是令纸钱达到黄泉途径的人当然不止王建一个,他们大概更乐意选择在能够用火的清明日上坟祭扫。这使得清明日的地位变得更加重要。

  国有禁火,应当清明。万室而寒灰寂灭,三辰而纤霭不生。木铎罢循,乃灼燎于榆柳;桐花始发,赐新火于公卿。由是太史奉期,司烜不失。平明而钻燧献入,匍匐而当轩奏毕。初焰犹短,新烟未密。我后乃降睿旨,兹锡有秩。中人俯偻以耸听,蜡炬分行而对出。炎炎就列,布皇明于此时;赫赫遥临,遇恩光于是日。观夫电落天阙,虹排内垣,乍历闱琏,初辞渥恩。振香炉以朱喷,和晓日而焰翻。出禁署而萤分九陌,入人寰而星落千门。于时宰执具瞻,高卑毕赐。降五侯以恩渥,历庶僚以简易。煨逐来命,风随逸骑。入权门见执热之象,阅有司识烛幽之义。咸就地以照临,示广德之遐被。于是传诏多士,同欢令辰。将以明而代暗,乃去故而从新。均于庭燎,贶彼元臣。熠熠当门,烟助松篁之茂;荧荧满目，焰如桃李之春。群臣乃屈膝辟易，鞠躬踧踖。捧煦育之恩惠，受覆载之光泽。各罄谢恩，竞输忠赤。拜手稽首，感荣耀之无穷；舞之蹈之，荷鸿私之累百。然后各爨鼎镬，传辉膳官。争焚炉炷，竞爇膏兰。销冷酒之余毒，却罗衣之晓寒。方知春秋故事，未逾于我，周礼救灾，徒称变火。曷若赐于百官，万方同荷？（谢观《清明日恩赐百官新火赋》）

节假日的设置

如果时光可以倒流，如果人们能够自由选择生活的历史时期，相信会有许许多多的中国人选择唐代。大唐的富庶与繁华，大唐的浪漫与潇洒，也许还有大唐的节假日，都是吸引人们选择它的砝码。唐朝以前的所有朝代，还没有哪一个能够像它那样安排人们在那样繁多的节日里休闲放假，更没有一个朝代会在寒食清明节放假，假期的长度甚至与最为重要的节日——元正一样。如果我们再细心一点的话，会发现，在唐代二百多年的历史上，寒食清明节的假期是越来越长的，唐玄宗开元年间"寒食、清明四日为假"，到了代宗大历年间，就已经规定"寒食通清明，休假五日"。德宗贞元六年又将假期增为七天，所谓"寒食清明宜准元日节，前后各给三日"。这一增长的趋势直接反映了国家对寒食清明节的重视,也反映了民间对寒食清明节的重视。同时不可避免地加深了时人对清明日的关注,或者说强化了时人以清明为节的意识。

知了的幼虫变成蝉,要蜕去那一层棕色的皮。节气清明要变成节日清明,则必定包进约定俗成的活动,融入情感以及我们所看重的"意义"。似乎没有理由说节气清明必然要变成节日清明,但历史成就了这个变化。借着寒食节的盛行,这个变化终于在唐代完成了。

值得注意的是,清明节和寒食节的关系并非止于节气清明因寒食节的兴盛而化成为节日,还在于清明节的习俗深受寒食节习俗的影响,无论是清明节的上坟扫墓还是踏青游戏,都不过是寒食习俗的延续和挪移。清明节将死亡与再生、欢乐与伤情融为一体也是承继了寒食节的独特气质。这种气质一直存续到现在,也许还要继续存在下去很多很多年……

在唐代,上坟扫墓、改火、治蚕室、斗鸡、蹴鞠、拔河、秋千、宴饮、踏青、插柳等,都已成了清明节的习俗活动。李山甫有首诗,反映的恰是唐代清明节的盛况,题曰《寒食》:

风烟放荡花披猖,秋千女儿飞短墙。
绣袍驰马拾遗翠,锦袖斗鸡喧广场。
天地气和融霁色,池台日暖烧春光。

〔南宋〕马和之《柳溪春舫图》

自怜尘土无他事，空脱荷衣泥醉乡。

宋代的清明节俗基本沿袭了唐代，依旧上坟改火，也有皇帝将新火赐予大臣的仪式，而且也举行各种娱乐活动，十分热闹。孟元老《东京梦华录》"清明节"、吴自牧《梦粱录》"清明节"、周密《武林旧事》"祭扫"等分别记载了北宋都城汴梁（今开封）、南宋都城临安（今杭州）等地清明的习俗与时人过清明的盛况，北宋画家张择端更以细腻的画笔，在《清明上河图》中描绘了清明时节汴梁以及汴河两岸的风俗景象。这里且以《东京梦华录》中的记载展示北宋都城的清明节。

寻常京师以冬至后一百五日为大寒食。前一日谓之"炊熟",用面造枣䭅飞燕,柳条串之,插于门楣,谓之"子推燕"。子女及笄者,多以是日上头。寒食第三节,即清明日矣。凡新坟皆用此日拜扫。都城人出郊。禁中前半月发宫人车马朝陵,宗室南班近亲,亦分遣诣诸陵坟享祀,从人皆紫衫白绢三角子青行缠,皆系官给。节日亦禁中出车马,诣奉先寺道者院祀诸宫人坟,莫非金装绀幰,锦额珠帘,绣扇双遮,纱笼前导。士庶阗塞诸门,纸马铺皆于当街用纸衮叠成楼阁之状。四野如市,往往就芳树之下,或园囿之间,罗列杯盘,互相劝酬。都城之歌儿舞女,遍满园亭,抵暮而归。各携枣䭅、炊饼、黄胖、掉刀,名花异果,山亭戏具,鸭卵鸡雏,谓之"门外土仪"。轿子即以杨柳杂花装簇顶上,四垂遮映。自此三日,皆出城上坟,但一百五日最盛。节日市坊卖稠饧、麦糕、乳酪、乳饼之类。缓入都门,斜阳御柳;醉归院落,明月梨花。诸军禁卫,各成队伍,跨马作乐四出,谓之"摔脚"。其旗旄鲜明,军容雄壮,人马精锐,又别为一景也。

在北宋汴梁的清明节里，人们要上坟扫墓，皇家亦不例外，这时还形成了此日拜扫新坟的习俗。除了上坟扫墓外，更多的人醉心于出游宴饮。他们三五成群，带着酒食玩具来到空旷的原野，围坐于树下花丛，歌舞饮酒，直到日薄西山，暮色四合，方在恋恋不舍中转回家去……节日里，连军人也不甘寂寞，他们在激烈的"摔脚"活动中感受春日的气息。

元代以迄明清，唐宋时期十分盛行的清明节皇帝赐大臣新火的仪式没有了，但是上坟扫墓之风并未稍减。"时遇清明节令，寒食一百五，家家上坟祭祖"，说的是元代的扫墓；"三月清明日，男女扫墓，担提尊榼，轿马后挂楮锭，粲粲然满道也。拜者、酹者、哭者、为墓除草添土者，焚楮锭，次以纸钱置坟头"，说的是明代的扫墓；"倾城男女，纷出四郊，担酌挈盒，轮毂相望"，说的是清代的扫墓。实际上清明节扫墓习俗一直延续到现在。此外，踏青出游、荡秋千、放风筝、插柳亦活跃在时人的节日生活中。据刘侗、于奕正《帝京景物略》的记载，在扫墓之余，"趋芳树，择园圃，列坐尽醉"，是许多明代人的选择。

值得一提的是，明清时期还盛行清明节迎城隍祭厉（厉即无祀之鬼）的做法。城隍是我国民间信仰世界中的城市保护神，也是拘管亡魂之神。厉则是无所归依的孤魂野鬼。在传统社会许多人的眼里，那些横死的、夭亡的人死后会成为厉，经常祸害百姓。为防民患，明、清时期各府州、县都设立厉坛，礼部还颁发定礼及钦定祭文,每年清明日、七月望日、十月朔日抬城隍出巡致祭,称作"三巡会"。以清明为例,祭祀前三日内,先由地方官员移牒城隍。到祭祀日,将城隍神奉请于厉坛内,让其南向,无祀鬼神名位奉陪于左右两侧。

迎城隍时热闹异常。在上海,迎城隍神至厉坛,仪卫整肃,吏民执香花拥导,设行馆于东、南、北三门内,到晚上才以华灯引导返回。在崇明,迎城隍时,还有社火或涂粉墨、扮故事等热闹活动。在江苏吴县,"是日,府县诣虎丘厉坛祭无祀孤魂,府县城隍神及十乡土谷诸神以次临坛主祭陪祭。巡抚都土地诸神督祭各境,均舁其神像至坛,谓之'合会'"。官方主持民众广泛参与的祭厉坛活动持续到清末才告结束。

中华民国建立后不久,清明节的发展史上出现了一个重要的变化,那就是它曾在1915年被规定为植树节,在这天,机关、学校都要进行植树活动。人类离不开树木,定清明节为植树节就是对植树造林和保护森林的倡导,国民政府还将这项活动与农业紧密联系起来:

岁以为常,重林政也。良以落叶入地,能润土脉,绿荫参天,可致雨云,有裨于农业者匪浅。至吐纳炭气养气之说,西哲所云,尤非虚语。矧十年计划收效最速,致富基础于是乎在,故造林事业为现代当务之急云。

不过，到1928年时，植树节被改在孙中山先生逝世纪念日（3月12日），清明节作为植树节的历史就此终止，但仍有一些地方保留了清明植树的做法。

中华人民共和国成立后，清明节的节俗出现了较大变化。这突出表现在两个方面。

其一，表现在扫墓习俗方面。如果说近代以前，扫墓主要是家族、家庭内部事务的话，那么由于政府的提倡，中华人民共和国成立后的清明节扫墓已远远超出这个范围，因为去革命烈士陵园扫墓，缅怀先烈事迹，已成为许多组织和个人的选择。不仅如此，扫墓的方式也发生了重要变化，虽然以添土、烧纸钱、挂纸钱祭奠亡灵的传统做法仍然是扫墓的主要方式，但是敬献鲜花也已成为许多人寄托哀思的方式。尤其近几年随着互联网的普及，网上扫墓的做法亦开始流行起来。

其二，表现在清明节俗活动除扫墓、踏青之外，大多处于迅速衰落的态势。20世纪中期以前，诸如荡秋千、放风筝、斗蛋等活动还在清明节为人们带来许多乐趣，而今天已很少有人能够领略那种快乐与趣味了。再比如插柳之俗，虽然一些地方还有留存，但显然今天的人们再也不用像宋朝人那样要为清明节无柳可折而担心，因而对折柳人发出"莫把青青都折尽，明

〔北宋〕张择端《清明易简图（局部）》

朝更有出城人"的劝告了。清明节原有的一些农事活动——如饭牛，一些与信仰有关的活动——如用柳条驱虫，以及清明不做活的禁忌，也变得不再常见，甚至于完全消失。

不过，尽管许多节俗活动衰微，清明作为一个节日，仍然会充满活力地继续存在下去。促使它继续存在的力量不仅来自习俗的惯性，更来自清明节的独特内涵，来自它联系着中国人的情感世界。当然，这种力量也部分来自从国家到社会、从官员到民众的文化自觉意识。

附 唐代部分时期官方节日放假安排

节日 放假天数	开元七年令	开元二十五年令	（元和）令	格、敕
元日、冬至	7日	7日	7日	—
寒食通清明	？	4日	5日	7日
玄元皇帝降诞日	—	—	3日	1日
今上降诞日（诸庆节）	—	3日	3日	1日
腊、夏至	3日	3日	3日	—
正月七日（人日）	1日	1日	1日	—
正月十五日（上元）	1日	1日	1日	3日
正月晦日	1日	1日	废止	—
二月一日（中和）	—	—	1日	—
春、秋二社	1日	1日	1日	—
二月八日	1日	1日	1日	—
三月三日（上巳）	1日	1日	1日	—
四月八日（佛生日）	1日	1日	1日	—
五月五日（端午）	1日	1日	1日	—
三伏（初、中、末）	1日	1日	1日	—
七月七日（七夕）	1日	1日	1日	—
七月十五日（中元）	—	1日	1日	3日
九月九日（重阳）	1日	1日	1日	—
十月一日	1日	1日	1日	—
十月十五日（下元）	—	—	？	1日？
立春、立夏、立秋、立冬	1日	？	1日	—
节假总天数	39日＋？	43日＋？	51日＋？	—

*该表参见［日］丸山裕美子《唐宋节假制度的变迁——兼论"令"和"格敕"》，其中"节假总天数"项为笔者所加。

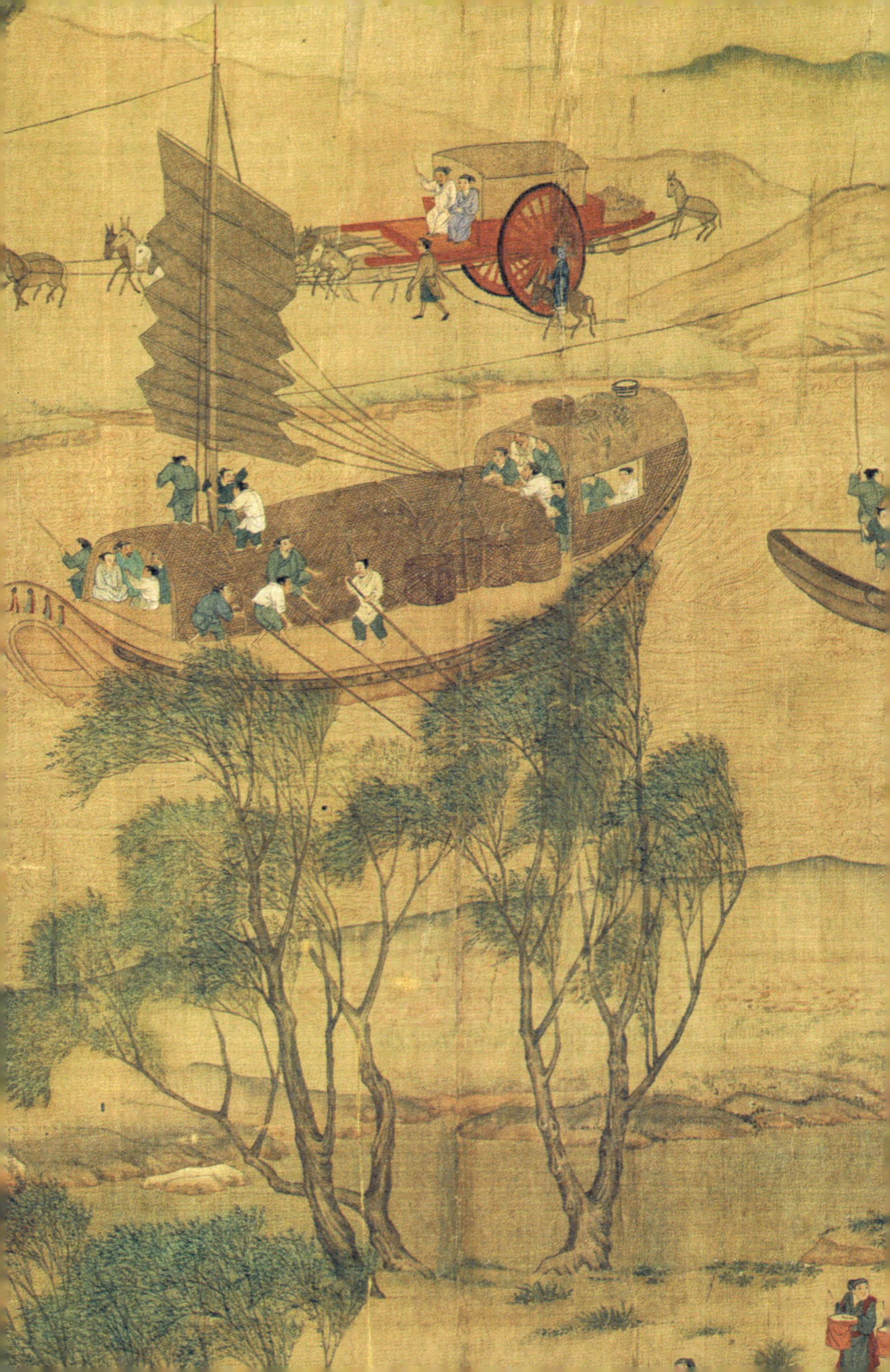

贰

香毂辚辚拜扫归——扫墓

南北山头多墓田,清明祭扫各纷然。

纸灰飞作白蝴蝶,泪血染成红杜鹃。

日出狐狸眠冢上,夜归儿女笑灯前。

人生有酒须当醉,一滴何曾到九泉。

(高翥《清明日》)

墓祭的由来

扫墓,又称祭墓、上墓、墓祭、上冢、上陵、上坟、祭扫、拜扫、拜墓、拜山、醮地等,就是到坟墓上去祭祀的活动。

俗话说:"鸦有反哺之义,羊知跪乳之恩。"作为万物之灵的人类,自然不能没有感恩之心。想一想,是谁给予了我们生命?是谁营建了我们赖以栖身的家园?是谁含辛茹苦把我们养大?又是谁满怀期待将我们送上征程?是我们的父母!那么,又是谁给予了他们生命?谁营建了他们赖以栖身的家园?谁含辛茹苦把他们养大?谁又满怀期待将他们送上征程?是我们的先祖!既然我们受他们的恩惠而得以生存,我们就应该在他们活着时尽力去奉养,当他们离去后仍存一份敬仰感激之情。正是这种意识,在很大程度上促使活着的人去祭祀已逝的父母与先祖。也正是这种意识,促使民间产生了"清明不祭祖,死了变猪狗"的俗语,以警告那些不祭祖的忘本之人。

我国历来有着慎终追远、报本反始的传统,对祖先的祭祀,古已有之。只是古人对祖先的祭祀,理由并不止于上面所说的感恩意识,还由于对祖先灵魂和阴间的信仰。

在长达几千年甚至上万年的历史中,许多人相信,人是由肉体和灵魂组成的。人之所以生,乃在于灵魂与肉体的合一;人之所以死,乃在于灵魂与肉体的分离。人死后,肉体腐朽,灵魂却依然在另一个世界里存在。因此死并非意味一个个体存在的终结,而只是意味着其存在旅程的一个转换,即从阳世的这一个世界转向阴间的那一个世界。灵魂依然与活着的家族保持联系,甚至在特定的时候还会从那一个世界里走进这一个世界。许多人还相信祖先的灵魂是有超自然力的,它因而可以佑护自己的子孙后代。当然,祖灵会不会佑护子孙后代需要先看一看他们对自己的态度:祖灵更愿意保佑那些善待自己的子孙。上述这种信仰无疑是导致祭祖行为形成的又一重要原因。

祭祖必要有一定的祭祀场所。如果按祭祀场所来划分,祭祖主要有三种类型。

一种是庙祭或家祭。《礼记·王制》载:

天子七庙，三昭三穆，与大祖之庙而七。诸侯五庙，二昭二穆，与大祖之庙而五。大夫三庙，一昭一穆，与大祖之庙而三。士一庙，庶人祭于寝。

这是说士以上的阶层要设庙，在宗庙中祭祖；普通百姓没有资格建庙，就在家中祭祖。

第二种是坛祭。《礼记·曾子问》曾经记载了曾子与孔子的一段对话，里面就提到坛祭。

曾子问曰："宗子去他国，庶子无爵而居者，可以祭乎？"孔子曰："祭哉！""请问其祭如之何？"孔子曰："望墓而为坛，以时祭。"

据《尚书·金縢》记载，周公旦就有设坛祭祖祝告的事迹。那是西周灭商后的第二年，武王得了重病。当时天下尚未安定，殷民心怀不服，武王身系天下安危，在这重要关头，周公设坛祭祀太王、王季和文王，求他们帮助自己代替武王去死，所谓"公乃自以为功，为三坛同墠。为坛于南方北面，周公立焉。植璧秉珪，乃告太王、王季、文王"。

第三种就是墓祭，即到埋葬祖先尸体的坟墓处祭祀祖先。清明时节的扫墓，就是一种墓祭。

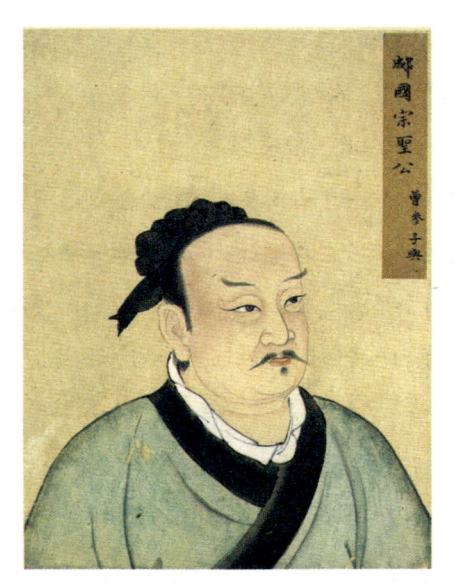

[明]佚名《至圣先贤半身像册·曾参》

那么墓祭起源于何时呢？这并不是个容易说清楚的问题，历来就多有争论。

一种观点认为上古无墓祭，墓祭是秦汉以后才出现的社会现象。比如《后汉书·明帝纪》"帝率公卿已下朝于原陵"，李贤注引东汉应劭《汉官仪》就明确说："古不墓祭。秦始皇起寝于墓侧，汉因而不改。诸陵寝皆以晦望、二十四气、三伏、社、腊及四时上饭。"宋代高承在其《事物纪原》中也认为源于汉朝。该书卷八《岁时风俗部·拜扫》云："《后汉·光武纪》云：建武十年八月,幸长安,有事十一陵。盖躬祭于墓也。即今上坟拜扫,盖起于此。"清代赵翼在他的《陔余丛考》一书中,也持"盖三代以上本无墓祭"的观点。

另一种观点与"上古无墓祭"的看法相反,认为早在秦汉之前已有墓祭之俗。比如宋代的赵彦卫在《云麓漫钞》中指出:"周家冢人有祭墓为尸之语,则墓祭亦三代礼,先贤尝言之。"近代学者尚秉和在《历代社会风俗事物考》中也说:

> 周贵人祭庙时多,墓祭时少。非不祭也,祭庙必其子孙为尸,墓祭则外人可为尸,是墓祭礼轻于祭庙也。若庶人则无庙可祭,尤须墓祭。墓者先人体魄所寄托,神主则人为。以人为之神主,与体魄比,孰为亲切乎?故有庙者亦不忘墓祭,良心之所不能已也。先儒必谓周人轻墓者,亦不然也。

指出周代贵族祭庙的时候多,墓祭的时候少,但这并不意味着不墓祭。至于一般的平民百姓,无庙可祭,更需要在坟墓上祭祀了。

但是对于墓祭到底起源于先秦时期的哪一代,又众说纷纭。有的学者根据考古发现,以为"至迟殷代已有墓祭"。有的根据文献记载以为西周初年时已出现,因为《史记·周本纪》中有记载,"九年初,武王上祭于毕",而毕(今陕西咸阳、西安附近)恰是武王之父周文王的坟墓所在地。还有的学者虽认可墓祭在周代已出现,但时间上稍晚一些。比如明末清初的大思想家顾炎武在《日知录》中对"墓祭"有很长篇幅的阐释,认为《史记·周本纪》中所说"武王上祭于毕"并不可信,他说:"此古人墓祭之始也。"而且认为最初墓祭只是一种非常状态下的做法,所谓"古人于墓之礼,但有奔丧、去国二事"。

在这里,我们无意讨论上述观点的是与非,我们只想说,至少在战国时期,民间墓祭的活动就已经相当普遍了。《孟子》中描写的一则故事更容易让我们得出这个结论。

有个齐国人,娶了一妻一妾。这个齐国人每次外出,一定吃饱肉、喝醉酒后才返回家。他的妻子问和他一块吃饭喝酒的都是些什么人,他就扬扬得意地回答说都是些富贵之人。他的妻子有些不相信,因为她从来没见过富贵的人来找自己的丈夫。心怀狐疑的妻子决定把事情弄个水落石出。有一天,那个齐国人又早早地出了门,可他没有料到自己的一妻一妾竟然悄悄地跟在身后,盯着自己的一举一动。齐国人的妻妾看到她们的丈夫灰溜溜地在城里走,居然没有一个人停下来与他说话。后来,又看到他来到城东的墓地,跑到祭祀的人那里讨要剩余的供品,吃完了还不满足,又跑到另一处再去讨要。齐国人的妻妾明白了,她们的丈夫炫耀的与富贵之人一块吃肉喝酒原来就是这个样子啊！这则令人发笑的寓言故事，向我们展示了一个极度爱慕虚荣的齐人形象，极可能是孟子出于立说目的的杜撰，但他的叙述背景却必有现实的依据。如果没有东郭墦间频繁的墓祭活动，孟子大概是讲不出这个故事来的。

这则故事后来被改编成一出戏剧，常在清明节期间演出，只不过情节有所变化。据魏应麒的《福州的清明》一文（载《民俗》第六十期），这出戏叫《墦间祭》，全剧分四幕：第一幕，清明节，齐人之妻妾正商量要察看齐人行踪，齐人来告赴显达者之约，妻遂尾随其后。第二幕，华周，即杞梁之夫人，素以善哭其夫而闻名，也偕同婢女上道祭扫，一仆挑祭品跟随。第三幕，华周哭祭，齐人向她乞食，妻在山旁窥探。第四幕，妻妾共泣，齐人因而愧改。

1976年在安阳殷墟发掘了著名的妇好墓。妇好墓的墓口上有房基一座，房基面经过夯打，上面有规则地排列着柱洞，柱洞底部是卵石做的柱础，柱洞外侧还有成行的挑檐柱柱穴，整个建筑面积约27.5平方米，与墓口的大小相近。经研究，认为房基上的建筑物，是"祭祀墓主人而建造的享堂"。又，在殷墟有一片王室陵墓的集中区，中华人民共和国成立前，曾在王陵的东区发现

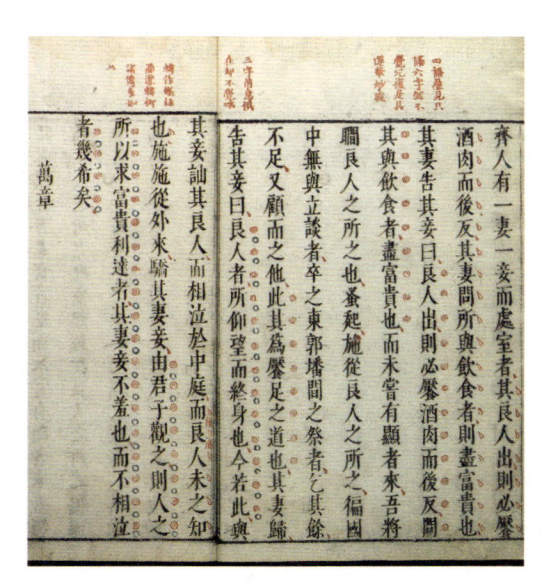

明万历刊 苏洵点评《孟子》书影

了1200余座小墓。后经学者们深入研究，弄清了这些小墓原是商代的祭祀坑，祭祀坑所在之地，便是商王朝祭祀祖先的祭祀场。鉴于祭祀场所附近都是王室的重要大墓，所以一些研究者认为"至迟殷代已有墓祭"。

到了汉代，墓祭习俗仍然流行。《史记·留侯世家》载："留侯死，并葬黄石冢。每上冢、伏腊，祠黄石。"是说张良的子孙每每墓祭和伏腊祭祀张良的时候，也祭祀对张良有知遇之恩的黄石老人。

司马迁《史记·留侯世家》中详细记载了张良与黄石公之间的故事。张良，字子房，韩人，本姬姓，祖与父相继为韩昭侯、宣惠王、悼惠王等人的大臣。秦灭韩后，他图谋恢复韩国，结交刺客，在博浪沙（今河南中牟西北）狙击秦始皇，没有成功，只好改名换姓为张良，逃亡至下邳。张良与黄石公的故事就发生在这里。

一天，张良正走在圯桥之上，有一老人走到他跟前，故意把鞋甩到桥下，让张良帮他捡起来。张良十分惊讶，想打他，因见他年老才勉强忍住，并帮他将鞋捡上来。老人又让张良帮他穿上，张良也照着做了。老人笑着离开了，但走后不久又返回来，对张良说："你这个孩子可以教导。五天以后天刚亮时到这里来见我。"结果张良迟到了。老人非常生气，让他五天后再来。可五天之后，张良又迟到了。老人大怒，让他五天后再来。这一次，张良再不敢懈怠，不到半夜就去了。那老人见张良先自己而来十分高兴，就送给他一本书，说："读了这部书就可以做帝王师，你十年以后就会发迹。十三年后你到济北见我，谷城山下的黄石就是我。"说完便走了。老人送的书原来就是《太公兵法》。张良以后经常学习、诵读它，后来果然成了帝王之师。汉高祖刘邦曾经称赞他能够运筹帷幄之中而决胜于千里之外。陕西省留坝县现有张留侯祠，俗称张良庙，祠中有多处地点，如进履桥、拜师亭、授书楼等，都是因张良与黄石的故事而来。

《汉书·朱买臣传》中也有墓祭习俗的反映。朱买臣早年家境贫寒，他的妻子不能忍受生活之苦，离他而去。有一次，朱买臣担着柴在墓地边唱歌边走，正碰见他的前妻和前妻的丈夫"上冢"。他们看到朱买臣又冷又饿，就喊他给他些酒饭吃。朱买臣的前妻及其丈夫不过是会稽的普通百姓，他们带着酒饭上冢，所行之事就是墓祭。

汉代墓祭确实十分普遍，不过，当时的普通百姓墓祭是否像后来的墓祭那样具有共同的日期呢？目前尚未得知。但可以肯定的是，至少到唐初年，普通百姓已然拥有一个墓祭的共同日期，那就是寒食节。

据文献记载，唐朝初年寒食节期间墓祭已经蔚然成风。时人不仅墓祭，而且还有在墓祭之余寻欢作乐的做法，以至于引起最高统治者的强烈不满。唐高宗认为寒食上墓时寻欢作乐是玷污风猷之举，并试图对这种他认为与上墓不和谐的举动加以禁断，因此在龙朔二年（662）四月十五日颁布诏书：

如闻父母初亡，临丧嫁娶，积习日久，遂以为常。

〔清〕王翚《祭诰图卷(局部)》

亦有送葬之时,共为欢饮,递相酬劝,酣醉始归。或寒食上墓,复为欢乐,坐对松槚,曾无戚容。既玷风猷,并宜禁断。

然而,禁断谈何容易,寒食上墓的风气并没有因为一纸诏书而稍有改变,事实是,到了唐玄宗时期,开元二十年(732)四月二十四日的一张敕文将它从民间风俗上升为国家礼制:

寒食上墓,礼经无文,近世相传,浸以成俗,士庶有不合庙享,何以用展孝思,宜许上墓,同拜扫礼。

于茔南门外奠祭撤馔讫，泣辞，食余于他所，不得作乐。仍编入礼典，永为常式。

官方因俗制礼，可谓对这一习俗的最大限度的认可，它极大地激发了人们实践这一习俗的热情，甚至出现了公职人员因为扫墓而耽误了工作的局面，以至于政府不得不下令对其加以解决。例如唐德宗曾于贞元四年（788）正月下诏：

比来常参官，请假往东郊拜扫，多旷废职事。自今以后，任遣子弟，以申情礼。

也许因为这一"任遣子弟，以申情礼"的诏令难以满足"常参官"们的扫墓要求，后来唐政府又颁布政策，对于官员的扫墓活动做了新的规定。比如宪宗于元和元年（806）三月下诏：

> 常参官寒食拜墓在畿内听假日往还，他州府奏取进止。

穆宗于长庆三年（823）下敕：

> 寒食扫墓，著在令文。比来妄有妨阻，朕欲令群下皆遂私诚，自今以后，文武百官有墓茔域在城外并京畿内者，任往拜扫。但假内往来，不限日数。有因此出城，假开不到者，委御史台勾当。仍自今以后，内外官要觐亲于外州及拜扫，并任准令式年限请假。

规定墓地在近处（畿内）的人可以在假日内任意去扫墓，而墓地在其他州府的，可以请假拜扫。上述政策的出台，一方面反映出政府出于种种原因对于官员寒食扫墓的认可，另一方面则反映出官员寒食扫墓之风已是势不可当。当然，寒食扫墓之风所及之处绝不仅限于官员，当时寒食扫墓已成一种超阶层、超等级的社会风气。柳宗元在《寄许京兆孟容书》

中谈道：

> 田野道路，士女遍满，皂隶佣丐，皆得上父母丘垄；马医夏畦之鬼，无不受子孙追养者。

《大唐开元礼》卷七十六载拜扫礼的具体程序是：

> 先期卜日如常仪。前一日，掌事者设次于茔南百步，道东西向北上，备芟前草木之器。赞礼者设主人以下位于茔门外之东西面，以北为上。其日，主人到次，改服公服，无者常服。赞礼者赞再拜，主人以下俱再拜。赞礼者引主人以下入奉行坟茔，至于封树内外环绕展省三周。其有荆棘，虑与荒草连接者，皆随即芟翦，不令火田得及。扫除讫，赞礼者引主人以下复门外位。赞礼者引之次遂还第。若假满，或远行，辞墓。若外官假满，或京官远行，辞墓，泣而后行。其寒食上墓如前拜扫仪，惟不卜日。

清明扫墓正是寒食扫墓的延续与挪移。在唐代，扫墓并不仅限于一天，而是数日之内都可以。熊孺登《寒食野望》诗中就提道："拜扫无过骨肉亲，一年唯此两三辰。"由于清明节与寒食节在唐代的并存，由于清明节起源与寒食节的密切关系，又由于两者在节期上的前后相连，我们说"寒食清明扫墓"更符合当时的实际情况。唐代伟大的现实主义诗人白居易曾作有两首诗，分别描写寒食扫墓和清明扫墓，反映了寒食扫墓和清明扫墓的共存。抄录如下：

寒食野望吟

乌啼鹊噪昏乔木，清明寒食谁家哭。

风吹旷野纸钱飞，古墓垒垒春草绿。

棠梨花映白杨树，尽是死生离别处。

冥漠重泉哭不闻，萧萧暮雨人归去。

清明日登老君阁望洛城赠韩道士

风光烟火清明日，歌哭悲欢城市间。

何事不随东洛水，谁家又葬北邙山？

中桥车马长无已，下渡舟航亦不闲。

家墓累累人扰扰，辽东怅望鹤飞还。

由于扫墓习俗的盛行，唐代出现了大量与扫墓有关的诗文。除前引诸诗外，《全唐诗》还有颇多，试录几则：

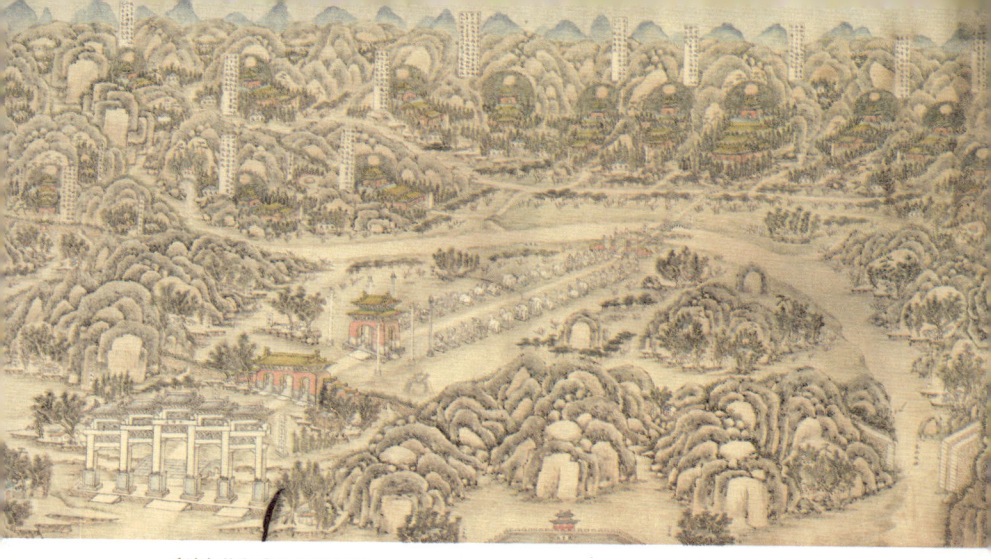

〔清〕佚名《明十三陵图》

兰陵士女满晴川，郊外纷纷拜古埏。（郭郧《寒食》）

嘉兴郭里逢寒食，落日家家拜扫回。（徐凝《嘉兴寒食》）

二月野中芳，凡花亦能香。

素娥哭新冢，樵柯鸣柔桑。

田父引黄犬，寻狐上高冈。

坟前呼犬归，不知头似霜。（于濆《寒食》）

这些都反映了时人寒食扫墓的情景。白居易的《寒食野望吟》更是通过乌啼、鹊噪、人哭等声音以及旷野、纸钱、古墓、春草、棠梨、白杨、暮雨等图景，为我们展现了寒食扫墓的悲凉气氛。

始盛于唐代的寒食清明扫墓习俗，对后世产生了极大的影响。宋庄绰《鸡肋编》所载反映了当时寒食清明上坟的情形：

> 寒食日上冢，亦不设香火，纸钱挂于茔树。其去乡里者，皆登山望祭，裂冥帛于空中，谓之"擘钱"。而京师四方因缘拜扫，遂设酒馔，携家春游。或寒食日阴雨，及有坟墓异地者，必择良辰，相继而出。以太原本寒食一月，遂谓寒食为一月节。浙西人家就坟多作庵舍，种种备具，至有箫鼓乐器，亦储以待用者。

扫墓以尽思时之敬，也是金朝最重要的活动之一。如《金史·董师中传》记载：

> 师中……参知政事，进尚书左丞。……承安四年，表乞致仕，诏赐宅一区，留居京师，以寒食，乞还家上冢，许之，且命赋《寒食还家上冢》诗。

又如王寂在《辽东行部志》中说，他于寒食之日行宜民（今辽宁辽阳东北）道中，见"山林间居民携妻孥上冢，往来如织"朱弁被金拘留期间，在《寒食感怀次韵吴英叔》诗中写道：

> 榆钱何处迎新火，杏粥频年系此心。

又《寒食》云：

> 纸钱灰入松楸梦，饧粥香随榆柳烟。

麻九畴《清明》云：

> 村村榆火碧烟新，拜扫归来第四辰。
> 城里看家多白发，游春总是少年人。

尤值一提的是，五代两宋时期，皇家也已不能免俗。宋代高承《事物纪原》"破散"条对此有所记载：

> 《五代会要》云："奉先之道，无寒食野祭之礼。近代庄宗每年寒食出祭，谓之破散。"则今人有破散之语，自后唐庄宗始也。

宋人吴自牧的《梦粱录》记载了当时杭州一带从皇家到百姓清明上墓的情景：

〔宋〕佚名《春游晚归图》

　　清明交三月,节前两日谓之寒食……寒食第三日,即清明节……禁中前五日,发宫人车马往绍兴攒宫朝陵。宗室南班,亦分遣诸陵,行朝享礼。向者从人官给紫衫、白绢、三角儿青行缠,今亦遵例支给。至日,亦有车马诣赤山诸攒,并诸宫妃王子坟堂,行享祀礼。官员士庶,俱出郊省坟,以尽思时之敬。车马往来繁盛,填塞都门。

其实，这种包括皇家在内清明节期间家家上坟祭祖的习俗一直延续到清末。中华民国成立后，随着皇帝制度的结束，皇家上坟祭祖之事已不存在，但民间依然盛行不衰。

扫墓仪式流变

根据唐朝政府的规定，寒食清明扫墓的仪式同拜扫礼一样。那么根据《大唐开元礼》对拜扫礼的规定，寒食清明扫墓的步骤应该有如下几个：

> 扫墓前一天，相关负责人就要在坟茔前做好准备，包括预备下用于芟剪草木的工具。
> 第二天，扫墓的人到达坟茔前（坟南大约百步远的地方），要换上礼服，并在赞礼者的主持下对坟墓拜两拜。
> 随后，在赞礼者的引导下靠近坟茔，环绕三圈，遇到荒草荆棘就芟剪掉。
> 扫除之后，再回到扫除前的位置上。
> 礼毕回家。

至于扫墓内容，则有两项，一是拜，二是扫，即清理坟上的荆棘荒草。

不过，参之以唐代其他文献，当时的寒食清明扫墓，内容比《大唐开元礼》的记载更丰富一些。比如除了拜扫之外，还要食祭余（祭奠用后的供品）。唐玄宗开元二十年（732）颁布的那纸敕书就明文规定，祭奠后要哭着向祖先告辞，然后"食余于他所"。另外，送纸钱更是当时十分普遍的做法。恰似唐代诗人张籍在他的《北邙行》中所说，"寒食家家送纸钱"。

可以毫不夸张地说，唐人的上述做法直接影响到后世清明节的扫墓仪式。后世的扫墓仪式主要由坟前祭墓、添坟、用纸钱、食祭余等一系列活动构成，但是在如何祭祖、用什么祭祖、如何用纸钱、如何对待旧墓和新墓等诸多方面，也表现出较为明显的地方性差异。下面就来看一看近现代以来中国各地不同的扫墓习俗吧。

关于扫墓时间

我们习惯上说清明扫墓，但并不意味着扫墓仅限于清明日那一天，事实上，扫墓在清明前后的不少日子里都可以进行，只是具体从哪天开始到哪天结束，还要因时因地而异。比如明代的杭州一带，扫墓从二月初一以后就开始了。据田汝成《西湖游览志余》记载：

二月朔日，唐宋时谓之中和节，今虽不举，而民间犹以青囊盛五谷瓜果之种相遗，谓之献生子。自是城中士女已有出郭探青扫墓设奠者，湖中游舫倩价日增矣。

而民国时期的辽宁海城，习惯以清明前后十日为扫墓期。上海则有所谓"前七后八，阴司放假"的说法，清明前七天到后八天，都可以扫墓。在广东长乐，扫墓要在四月八日前停止，因为俗信这天闭墓。在广东翁源，扫墓多在春分与清明间举行。而由于这期间农事繁忙，因此也有提前在元宵节后进行的。在广西上林，从清明到谷雨都可以扫墓。而在山东垦利，自清明节前三日算起，称为大寒食、二寒食、三寒食，第四日为清明，人们过去于这四天内扫墓，现在则更多地选择在清明日当天扫墓。在河北邯郸，俗以每年农历十月一日为放鬼日，以清明节为收鬼日。清明节这天阎君要将放出去的鬼收回去，因此扫墓必在这天之前完成，甚至烧纸一定要在上午，否则鬼就可能已被收走而收不到烧化的纸钱。

私墓公墓有分别

祭墓有公私之分，私墓即自己的父母、祖父母等人的墓。而人丁众多的世家大族，还会合族共祭共同的祖先，称为祭公墓。祭私墓的时间在选择上较为随便，祭公墓则要早定时日。两者在仪式上也有所不同，总体上看，祭公墓比祭私墓更加隆重而热闹。《翁源祭墓谈》为我们留下了民国时期广东翁源一带祭公墓和祭私墓的详细状况。祭私墓时，要先通知已经嫁出去的姑娘，届时她们会携子将女带一封香纸宝烛前来。扫墓前先要在家"考生"，即杀鸡，将鸡血洒在预先铺好的白纸、宝和草纸上，而后鸣串炮一百响。考生时，除鸡外，还需要茶、酒各五杯，米碗一个，羌盐磕一个，茶托一个（内盛饼子、松饼等物）。考生也有在坟前进行的，此前要清除墓道，并在墓碑周挂上白纸。在坟前考生，必须先用鸡血洒坟头或墓碑，而后才可以洒在纸、宝上，这种仪式叫作"打花纸"。考生、打花纸后，要将鸡煮了，然后端着鸡、茶、酒、香、纸、宝、烛等，来到坟前，烧香点烛后，按长幼依次向墓行三跪九叩礼，再读祭文。同时还要祭祀龙神后土。祭后再放炮，烧纸、宝。

祭公墓时，由房长或值理预先通知众人。届期先雇人清除墓道。考生时，除宰鸡外还要宰一两头猪。其他仪式与祭私墓差不多，但是更隆重。尤其是巨家大族，祭墓时真个是车水马龙，绵延一路，有的人家还令人担着铜钟沿路敲击，又有人家找人坐在墓边吹笛，非常热闹。祭公墓后往往还要分肉。在翁源，祭肉是按男丁发放的，一般是每人四两或半斤猪肉，也有根据所宰之猪大小划分标准分配的。女子要么不分，要么只给男丁的一半。除了祭肉外，有的

〔明〕吕纪《榴葵绶鸡图》

贰　香毂辚辚拜扫归——扫墓

人家还给每丁以一定的酒腐钱（买酒和豆腐的钱）。有谁家新生了儿子，要在扫墓以前向值理或房长报告，并出钱二百四十文或三百六十文，请登入族谱，叫作"入新丁"。入了新丁的婴孩，第一次祭祖可得一斤猪肉，叫作"新丁肉"。老年人，则可分到"胙肉"，根据年龄不同有不同数量，比如六十岁以上的一斤，七十岁以上的二斤，八十岁以上的四斤，九十岁以上的八斤，百岁的十六斤等。刚取得功名的人，还可以分到一些功名肉。

新坟老坟大不同

在不少地方，扫墓时往往对老坟、新坟有不同的处理方式。首先表现在扫墓时间上有较明确的区别。这一做法至少在宋代就已经存在了。孟元老在《东京梦华录》中就提到过宋代作京人上新坟一定是在清明节当天，所谓："寒食第三日即清明节矣。凡新坟皆用此日拜扫"。但"新坟不过社"的做法更加普遍。所谓"新坟不过社"，即为三年之内（有的地方是一年、两年）新逝的人扫墓必须在春社日当天或之前。土家族人就是在社日（立春后第五个戊日）拜扫新坟，俗称"过社"。且过社有"头社"（第一年）、"二社"（第二年）、"满社"（第三年）之分，尤以满社最为隆重。头社、二社只需杀鸡（在墓前），满社则必须杀羊，且孝男孝女、亲朋好友都要到场。此后，扫墓改在清明节进行。

1924年，安徽《南陵县志》载当地社日"有新丧者皆祭扫新坟"。又如在中国台湾南投，死后第一年墓祭时间择日而定，大致选在春社日之前，并行哭祭；第二年选在清明日当天，第三年则在清明日之后。墓祭三年后，即不再视为新墓。在广州番禺，死后第一年墓祭必须在清明前一日进行。而五邑，新墓必定要在清明节凌晨四五点钟前扫祭，天亮后祭祀的人会被讥为不肖子孙。在北京市门头沟区清水镇燕家台村，"上新坟"（即为上年去世的死者扫墓）是在清明节（当地称为大清明）前两天，"上老坟"（即为过世两年以上的死者扫墓）是在清明节前一天（当地称为小清明）进行。而在浙江台州温岭市石塘镇的箬山渔村，"扫墓的时间集中在清明当天下午，只有最近一年里有死人的家庭，才可以在上午去扫墓"。

> 有些地方，格外强调新媳妇这个家族新成员参与扫墓活动。如在河南新安，如果家有新妇，一定要到祖父母坟上添土。在江苏吴县以及上海张堰一带，扫墓时也一定要让新娶的媳妇同行，俗称"上花坟"。

其次，新坟与老坟的区别表现在扫墓的仪式有所不同。譬如在广西平乐，对于新葬者要老幼聚哭于坟前，久葬者则不必。在南投，有"培新墓"的做法，即人死后三年内丧家仍须备办牲醴、果品、五物碗等至墓地哭祭死者。又如在陕西葭县（今佳县），新葬的，三年内戚属馈祭品奠墓，叫"做新坟"；旧葬者，封纸钱相赠，不到墓上，叫"送封包"。在江苏苏州，新丧终七而未满周年的，要招僧道诵经礼忏，至亲都来拜灵座，叫"过新清明节"。又在北京市燕家台村，"上新坟"的人们要先在坟墓周围的果树上挂纸，在坟前烧掉冥币和"写书的"（称"送书"），然后把供品放在坟头上，最后再点燃鞭炮。"上新坟人家在整个过程中不可以哭泣，要把'上新坟'当作喜事来办。他们主要通过比'上老坟'更加丰盛、豪华的供品，来表示对遗者的亲情。"礼毕回家，"上新坟人家"在中午摆酒席，请亲朋好友吃饭。若"上老坟"的家户请客，一般都在这天晚上。在浙江湖州，扫墓时上飘坟，老坟多插"飘白纸"，新坟多插"飘彩纸"（多为红绿两色）。在德清，上新坟一定要有粽子，供过后要将粽子挂在近坟的树上，过路行人可以任意取食。

所谓五物碗，是指五种食品，即甜米糕、甜熟豆、蛋圈、豆干、春干，分装成五碗，碗中预制韭菜，然后置放上项食品。韭菜表万年久远之意，米糕、豆意味子孙长寿，豆干、春干表子孙做官之意。五物碗乃当地墓祭时必不可缺的祭品之一。

坟前祭拜

坟前祭拜祖先，是扫墓中最重要的活动。祭祖时通常要有纸箔、酒醴、香楮以及富有地方特色的节令物品。在山西万泉，祭墓时要有一种叫"子推"的物品，用面蒸成，状如兜鍪（古代作战时戴的盔）。荣河的"子推"上插鸡子，里面有胡桃九枚，外面有胡桃八枚。在浙江于潜，人们会用角黍（粽子）祭祖；在泰顺，人们用鼠曲叶（俗曰绵曲）或蓬蒿和米粉馅糖做成"燕糍"，拿来祭祖。浙江的一些地方祭扫祖茔时，会将海蛳散撒在墓上，冀求家族兴旺发达，子孙繁盛。在中国台湾彰化、南投、嘉义、台南、澎湖等地，都有以轮饼祭祖的做法。轮饼，也叫润饼、春饼，用面皮包肉、虾、蛋、菜、土豆或白糖等而成。在广东长乐，清明时节用枫叶染糯米，蒸饭作团，叫作乌饭，用以祭祖。在广东番禺，人们"拜山"时，要用煎堆、松糕、蔗、烧肉、熟鸡等作祭品。在东莞，"家家的人们，必备些鸡，烧猪肉，油豆腐，卷蒸，白蔗，酒三杯，茶三杯，白饭三盅和纸钱，利市钱，香烛，元宝，冥镪等物，装在竹筐里，荷着锄头……往省祖先之墓"。（袁洪铭《我也谈谈东莞的清明节》）

彝族人清明节拜扫十分隆重。上坟时，在墓龙树（植于祖坟左侧，禁砍伐）下杀鸡祭祀，将鸡血滴在石块上和树上，再拔下鸡脖子上的羽毛贴在树上和石块上，拔几根鸡翅和鸡尾硬毛插在石块前，叫作"领牲"。而后将鸡饭做熟献祭，叫作"献熟"。将鸡砍成碎块，盛三碗饭，再摆放一些蔬菜，在坟前献祭。祭罢，压三张纸在坟头。

值得注意的是，在我国一些地方，清明节不仅要为自己的亲人、祖先扫墓，还要祭祀邻近的墓主。上海一些地方，扫墓时要将角黍分给邻坟，叫作"记墓"。在浙江云和，人们以祭扫孤魂为善事，故有"若要富，扫古墓"之说。据胡朴安《中华全国风俗志》载，江苏泰县（今姜堰区）有种特别的风俗：

> 清明日乡下农人咸备大船几艘，每船约有廿余人，立船之两边，咸执撑篙，在空旷河道比赛，称为撑船会。各船争先恐后，拼命前进。遇岸上孤坟，即焚化纸淀，至晚尽欢而散。究竟此种陋俗，起自何时，有何用意，乡人亦莫名其妙。吾无以解之，谓之为田家作乐而已。

胡朴安以撑船会为陋俗，判断其实并不准确，"谓之为田家作乐"也没有完全抓住现象的本质。其实，这里面包含着一种超血缘关系的终极关怀。

〔北宋〕张择端《全景清明上河图（局部）》

送纸钱

清明扫墓，往往要给祖先送去纸钱。

纸钱又叫寓钱，取寓真钱之形于纸之义。唐代的封演在其《封氏闻见记》中对纸钱的来历、使用方式等做过说明：

> 今代送葬，为凿纸钱，积钱如山，盛加雕饰，舁以引柩。按：古者享祀鬼神，有圭璧币帛，事毕则埋之。后代既宝钱货，遂以钱送死，《汉书》称盗发孝文园瘗钱是也。率易从简，更用纸钱。纸乃后汉蔡伦所造，其纸钱魏晋以来始有其事。今自王公逮于匹庶，通行之矣。凡鬼神之物，其像似亦犹涂车刍灵之类。古埋帛，今纸钱则皆烧之，所以示不知神之所为也。

纸钱的使用开始于魏晋时期，是为了简易的目的而对汉代以来随葬钱币（所谓瘗钱）习俗的变通，唐代时已经非常普遍地应用于丧葬仪式之中，当时的人们习惯于用焚烧的方式使用纸钱。

封演的解释和描述固然没有错，但他只是指明了唐代丧葬仪式中普遍使用纸钱这一事实。实际上，当时的寒食清明时节，"香毂辚辚拜扫归，日暮风吹纸钱白"，纸钱也是扫墓中必不可少的祭祀用品。且时人对纸钱的使用，也不完全是焚烧，而是有着其他的处理方式。诗人张籍曾在《北邙行》中写道："寒食家家送纸钱，乌鸢作窠衔上树。"所送纸钱能够被乌鸢衔上树去做窠巢，显然是未经过焚烧的。在"今纸钱则皆烧之，所以示不知神之所为"的时代而不焚烧，其中必有原因。我们以为，这原因还要从寒食节去寻找：唐代寒食节期间（大约三天时间）是严格禁止用火的，时人若在此时扫墓送纸钱，便只能采取焚烧以外的处理方式。当然，在唐代，扫墓可以持续到清明日乃至清明日以后的一段时间，而从清明日开始又重新可以用火，因此，有些人也焚烧纸钱。

> 《大唐开元礼》中有"芟剪荆棘"一条，其目的主要是避免火烧。在唐代，火田的做法还具有一定的普遍性，即放火将田地上的杂草和庄稼秆等烧掉，不耕而直接下种。放火烧田时，如果坟茔上有荆棘荒草与庄稼地相连，烧田的火就有可能延及坟茔。

唐宋以后，随着寒食禁火习俗的日渐衰微，烧纸钱的做法越来越普遍，但是焚烧以外的处理方式如抛撒、标墓、压纸等仍然顽强地传承了下来。在陕西宜川，男女踏青扫墓，撒彩纸钱，叫作"百纸"。在湖北咸宁、恩施等地，用竹悬纸钱插于墓上，叫作"标墓"；在福建福州、中国台湾彰化等地，于坟墓周围放置纸钱，压以土石，称为"挂纸"，或称"压（音帝）纸"。在浙江云和，扫墓时要在坟头、坟圈两旁，三张一叠压纸马，称作"飘坟"。而这些方式都可以更好地显示此墓已经拜扫，也可以更好地显示墓主家是人丁兴旺，子孙不绝。未标墓、压纸的坟，往往被视为"绝后代的"无主坟或者无人问的古墓。所谓"有后人，挂清明，无后人，一光坟"。

值得一提的是，清明节送纸钱，又有不在坟墓的，如在河北张北、万全，清明日晚间，各家妇女到门前焚香烧纸，坐地哭泣，叫作"送纸"。

除了纸钱以外，有些地方还会给死者烧纸扎。亦有地方剪白纸条成幡形插于坟头，叫作挂青。

据魏应麒的描述，福州的墓佃（即将自己的田地卖于别人作墓地的人，同时也往往是守墓者）若看到有些墓多年没有压纸，就会以为墓主子孙已经断绝，便会将墓中棺材启出，抛在别处，重将田地卖与另外的人家作墓地，以谋取更多的利益。

添坟、修坟茔

所谓添坟，是指给坟墓增添新土。坟墓历来被视为体魄之所归，是死者的房屋。添坟即为死者修补加固房屋。这一方面是因为经过一年的风吹雨打，坟墓上的土往往流失很多，需要修补；另一方面是因为清明节后雨季很快到来，需要加固以防夏天雨大漏水。因为添坟是清明扫墓的一项重要内容，所以经常能看到上坟人扛着锄头、铁锹走向墓地的情景。

除了添坟外，由于民间多相信清明时节不忌坟墓的方位吉凶，此时迁葬、修理坟茔的就格外多。在广西桂平有"拾金"的做法，实际上也是一种迁葬习俗。由于境内土质疏松，葬地常有水泉之患，但人们多信奉风水之说，讲究地形，而不肯细验土色。因此葬后不过几年，往往被水、泥所淹。当地人常趁清明墓祭时偷看坟墓情况，如果情况不好，就捡拾其骨，放入"金斗瓮"中，叫作"拾金"。

食祭余

食祭余通常指扫墓之后，扫墓者分享祭祖后的饮品和食品。在河北望都，这种活动叫作"吃会"；在浙江嵊县，叫作"吃清明酒"，缙云叫作"散清"，宣平叫作"吃清"。在福建崇安，叫作"做清明"。在陕西绥德一带，称为"上坟会"。甘肃灵台，称为"清明坟头会"。四川渠县一带，则叫作"清明会"或"人伦会"。

一般来说，食祭余的地点各地不同，有的在家中，有的在

〔明〕仇英《春游晚归图》

坟附近，有的则在田野风景优美处。福州一带就常在家中。祭祖后，往往带一两枝松楸回家，插于公婆龛（供奉祖宗神主之龛）前，而后将祭品烹煮熟，全家大吃一顿。在民国时期的北京宛平一带，人们习惯于田野风景优美处享用祭余：

> 清明日，男女簪柳出扫墓，担樽榼，挂纸钱，拜者、酹者、哭者、为墓除草添土者，以纸钱置坟岭。既而，趋芳树，择园圃，列坐馂余而后归。

彝族人清明节拜扫后，往往就在坟前铺有青松毛的地上"陪祖先吃一顿饭"。广东翁源有的人家，会在墓前生火聚餐。清水描写过民国时期当地人聚餐的情景：

> 人数多了，三三五五掘一个锅灶，在坟前后，星罗棋布。天气晴暖时，移至树荫下，松涛呼啸，凉快宜人。炊烟绕缭，有如薄雾。野外聚餐，醉饱而归。

"对于这种饶有诗意的生活"，普遍认为是值得"欣赏讴歌的"。这种生活对于现在的我们，又何尝不是一种向往呢？当然，我们向往的不仅是炊烟缭绕，更是家人团聚的温暖与亲密。

扫墓新风

烈士丰碑何巍峨，空中荡漾红旗歌。
长垂塞上风云占，民族精英永不磨。

这是郭沫若先生在清明节凭吊张家口革命烈士纪念塔时写下的诗篇，它对革命烈士进行了深情地凭吊和热情地讴歌。中华人民共和国成立以后，每届清明节，机关、学校、企业组织、民间团体等多会组织工作人员和学生为革命烈士扫墓，这已成为新的风俗。而随着互联网的兴起，网上扫墓也已经为许多人所认可。他们充分利用互联网不受时间、地域限制的优势，构筑对陈年往事、昔时故旧的纪念平台，通过点烛、上香、祭酒、献歌、留言、手机短信，虚拟实景扫墓等方式表达对故人的思念。

近些年来，一方面因为焚烧纸钱被视为封建迷信，另一方面因为缺乏防火措施下的焚烧纸钱极易引起火灾（事实上，因为清明烧纸引发火灾的事件屡屡见诸各种媒体），一些人扫墓时开始选择敬献鲜花以代替焚烧纸钱。

对生命的缅怀

对于逝去的生命,每个民族都有自己特有的缅怀方式。清明扫墓是中国人的选择。这种方式包含着中国人对于宇宙、对于历史、对于人生的基本看法,是中国人尊重历史、知恩而报的现实表达。

扫墓让人在当下想起过去。是的,在纸钱的火光、供品的香气、新添的黄土、坟前被拔去的荒草中,记忆将时间打碎重组,人们会发现逝去的并未完全逝去,离开的并未永远离开,陨落伴随着重生,祖先与我们同在。

扫墓让人在想起过去中珍惜现在和未来。聚散离合不过是瞬间的风景。阴阳永隔,死去的毕竟死去,供品虽然鲜美,祭酒虽然甘甜,可一点一滴又何曾过到九泉?因此,活着的人必须珍惜自己的生命,必须善待自己的生命!

将过去、现在与未来联系在一起,表达着一个家族、一个民族的生生不息,承前继后,这就是扫墓在缅怀逝者、表达哀思的形式下所蕴含的社会意义。

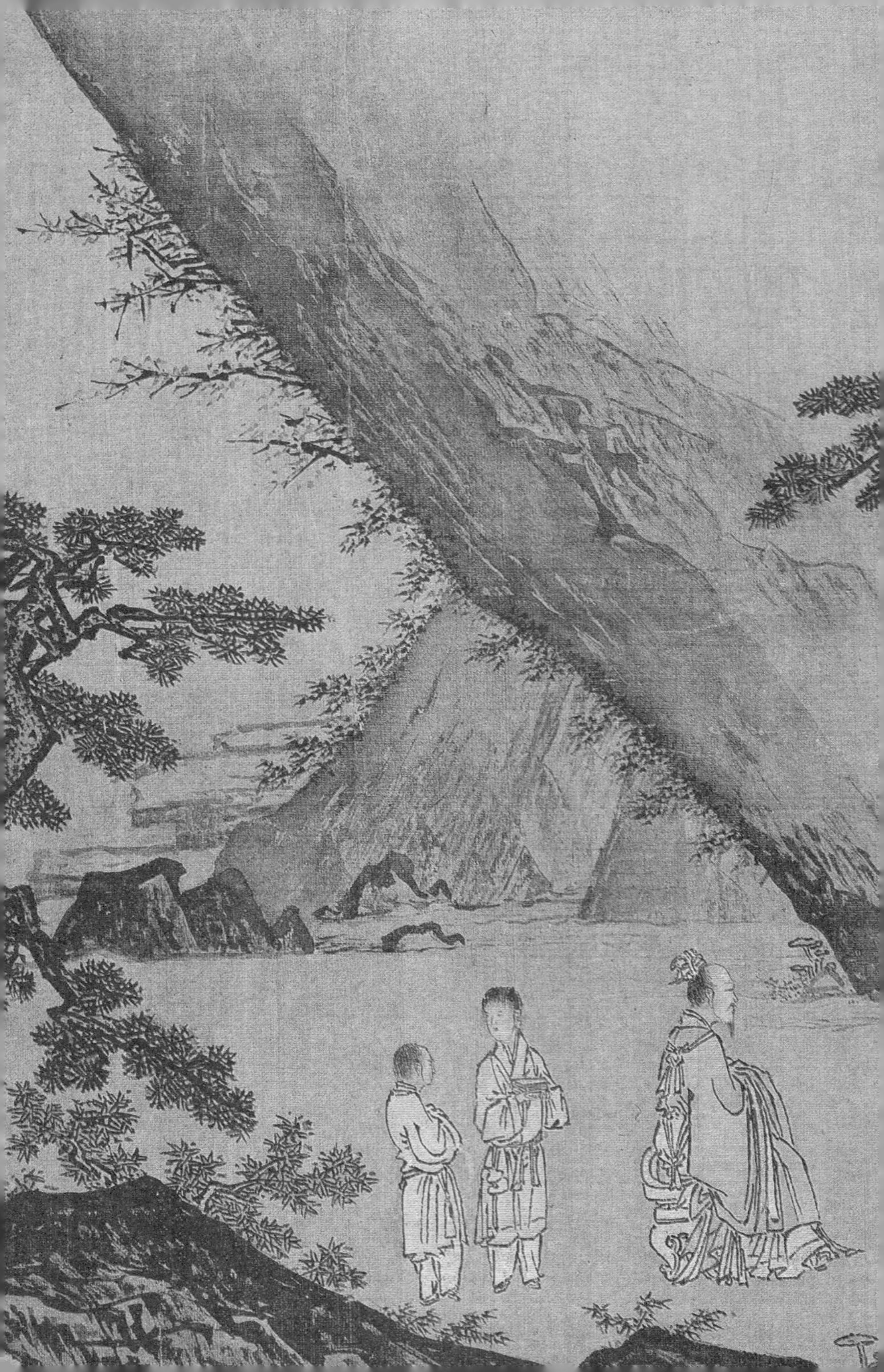

叁

报本崇初祖——人文始祖祭拜

黄帝是中华民族的"赫赫始祖"。

据司马迁《史记》记载，黄帝是少典族的后代，姓公孙，名轩辕。他一生下来就特别神异，几个月大就会说话，从小聪明伶俐，诚实勤勉，成年后耳聪目明，通晓天下大事。当时，诸侯相互侵犯征伐，残害百姓，炎帝神农氏却无力征讨。轩辕便操练军队，征讨那些不来朝贡的诸侯，结果四方都来归服。只有蚩尤最为残暴，没有归顺。于是轩辕推行德政，强化军队，顺应四时五方的自然现象，教民种植五谷，安抚百姓，终于在四方诸侯的帮助下，在涿鹿的原野上与发动战乱的蚩尤展开大战，将蚩尤杀死，取得了战争的胜利。四方诸侯遂公推轩辕为天子，以取代神农氏。据说"天下有不顺者，黄帝从而征之，平者去之，披山通道，未尝宁居"，黄帝到处平定叛乱，披荆斩棘，开山凿道，没有享受过一天的安逸。他设置官吏管理天下，并遵循时令，按季节种植百谷草木，驯化鸟兽昆虫，他心不懈于思考，力不懈于实行，目不懈于观察，耳不懈于倾听，对山林川泽的物产，总是很有节度地利用……

关于黄帝的乘龙飞去，《史记》记载，黄帝采首山的铜，在荆山下铸造鼎，鼎成后，有龙从天上来迎接。黄帝和他的臣子、后妃七十多人骑上龙后，龙就上天而去。留在后头的小臣们不能上去，就死死抓住龙须不放，以致把龙须都扯下来了。黄帝的弓也掉下来。百姓们看着黄帝升天而去，就抱着龙须和弓号啕大哭，所以后人把那个地方叫作"鼎湖"，把黄帝掉下来的弓叫作"乌号"。后来群臣将黄帝的衣冠葬于桥山。

在许多人看来，关于黄帝时代的历史，其实是遥不可考的上古"神话"，司马迁对黄帝事迹的记载也未必准确。

但这并不妨碍人们将轩辕黄帝视为中华民族的人文初祖并加以崇拜和祭祀。

有史可考的祭祀黄帝的活动，最早当推战国初年的秦灵公。《史记》卷二十八《封禅书》载：

秦灵公作吴阳上畤，祭黄帝；作下畤，祭炎帝。

此后历代王朝都对黄帝加以祭祀。而到黄帝陵进行祭祀是对黄帝祭祀的重要方式。传说黄帝没有死，而是乘龙上天成为神仙，黄帝陵只是黄帝的衣冠冢。现在的河南、河北、甘肃、

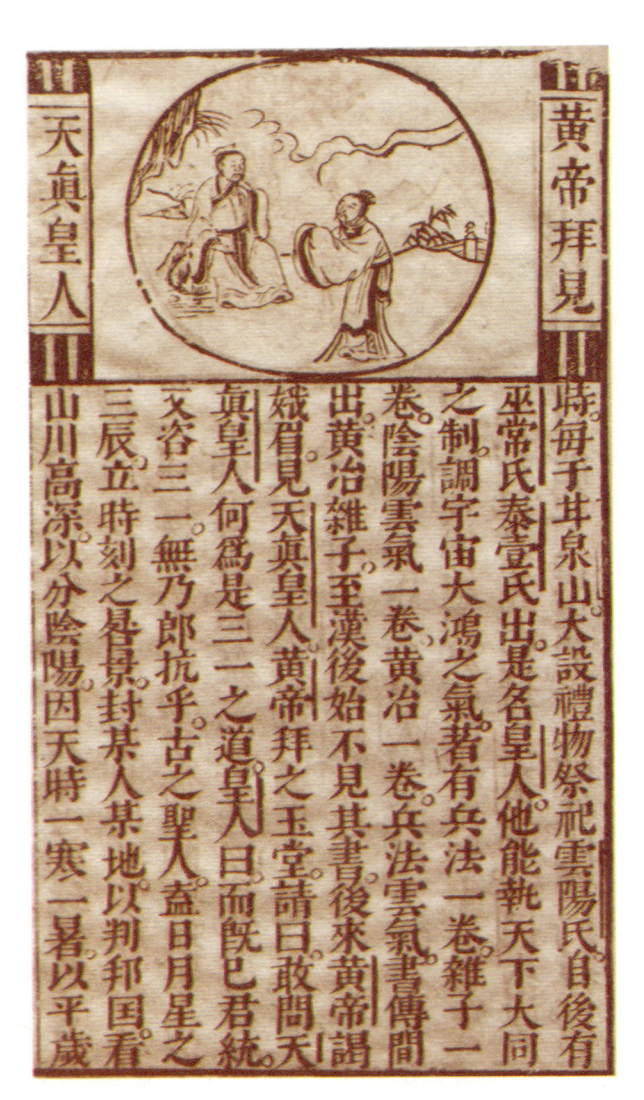

古籍中的黄帝形象
明代书林余季岳刊本《按鉴演义帝王御世盘古至唐虞传》书影

陕西等地均有纪念性的附会墓冢，其中尤以陕西黄陵县的黄帝陵最为有名。这里的黄陵最为有名，当与司马迁的贡献有关。因为他曾通过自己的实地调查，在《史记·黄帝本纪》中做出了"黄帝崩，葬桥山"的判断。据说司马迁考证之后，地方官员就创建了"轩辕庙"，到了唐代宗大历年间，正式于桥山西麓建庙。宋太祖开宝五年（972），因河水侵蚀，庙址从西山麓迁至东山麓，即现在的轩辕庙址。因此民间流传这样一首歌谣：

> 汉代立庙唐朝建，到了宋朝把庙迁。
> 不论谁来做皇帝，登基都不忘祖先。

雄才大略的汉武帝刘彻，明朝开国皇帝朱元璋，清康熙皇帝，中华民国临时大总统、民主革命先行者孙中山先生，都曾亲自或派人到黄帝陵致祭。

1912年1月1日，孙中山在南京就任临时大总统，宣告中华民国成立。同年3月，孙中山委派了一个由十五人组成的代表团，赴陕西中部县桥山致祭轩辕黄帝陵。此前，孙中山以中华民国大总统名义，为轩辕黄帝写了一首气壮山河的诗词，交由代表团恭祭黄帝陵时宣读。诗云：

中华开国五千年，神州轩辕自古传。

创造指南车，平定蚩尤乱。

世界文明，唯有我先。

从资料来看，中华民国以前，祭祀黄帝陵并无定期。自1935年以后，祭祀黄帝陵才定在了清明节。

1937年的清明节，对位于陕西省黄陵县桥山的黄帝陵来说，是个特殊的日子。因为就是在这一年的这一天，经历了十年内战的中国共产党和中国国民党同时派出了代表祭奠我们的祖先。

中国共产党方面以中华苏维埃政府主席毛泽东、人民抗日红军总司令朱德名义致祭，代表是林伯渠，祭文是由毛泽东撰写的。全文如下：

维中华民国二十六年四月五日，苏维埃政府主席毛泽东、人民抗日红军总司令朱德敬派代表林祖涵，以鲜花时果之仪致祭于我中华民族始祖轩辕黄帝之陵。而致辞曰：

赫赫始祖，吾华肇造，胄衍祀绵，岳峨河浩。

聪明睿知，光被遐荒，建此伟业，雄立东方。

世变沧桑，中更蹉跌，越数千年，强邻蔑德。

琉台不守，三韩为墟，辽海燕冀，汉奸何多！

以地事敌，敌欲岂足，人执笞绳，我为奴辱。
懿维我祖，命世之英，涿鹿奋战，区宇以宁。
岂其苗裔，不武如斯，泱泱大国，让其沦胥。
东等不才，剑屦俱奋，万里崎岖，为国效命。
频年苦斗，备历险夷，匈奴未灭，何以家为。
各党各界，团结坚固，不论军民，不分贫富。
民族阵线，救国良方，四万万众，坚决抵抗。
民主共和，改革内政，亿兆一心，战则必胜。
还我河山，卫我国权，此物此志，永矢勿谖。
经武整军，昭告列祖，实鉴临之，皇天后土。
尚飨。

中国国民党方面则以其中央执行委员会名义致祭，代表是张继、顾祝同。致祭那天，顾祝同去了茂陵，未曾到场。祭文不知何人所写，内容如下：

维中华民国二十六年民族扫墓之期，……追怀先民功烈，欲使来者知所绍述，以焕发我民族之精神，驰抵陵寝，……代表致祭于我开国始祖轩辕黄帝之陵前曰：
粤稽遐古，世属洪荒；天造草昧，民乏典章。

维我黄帝，受命于天；开国建极，临治黎元。
始作制度，规矩百工，诸侯仰化，咸与宾从。
置历纪时，造字纪事；宫室衣裳，文物大备。
丑虏蚩尤，梗化作乱；爰诛不庭，华夷永判。
仰维功业，广庇万方；佑启后昆，恢廓发扬。
追承绩猷，群情罔懈；保我族类，先灵攸赖。
怀思春露，祀典告成；陈斯俎豆，来格来歆！

两党的祭文均为四言体，但在内容上有较大区别，国民党的祭文32句，主要介绍了黄帝的功绩，只是祭文小序中有"焕发我民族之精神，驰抵陵寝"一句，具有些许现实感。而毛泽东写的祭文，56句中除了用8句高度概括黄帝的功绩外，其余都与现实紧密相连，既描述了中华民族的当下遭遇，又阐明中国共产党对时局的看法，并发出建立民族统一战线、"还我河山，卫我国权"的号召。两相比较，孰高孰低，不言自明。毛泽东的这篇《祭黄帝陵文》有力地证明了中国共产党是抗日民族统一战线的领导者和中华民族抗日战争的中流砥柱。

尽管两党的祭文在内容和关注点上有很大不同，但是显而易见，在"山雨欲来风满楼"、日本帝国主义侵略者虎视眈眈、华北岌岌可危的情况下，在传统祭祖的日子里共祭黄帝陵，就成为国共两党捐弃前嫌、凝聚民族力量、同仇敌忾、共渡难关的精神动力。

伴随着历史的足音,致祭黄帝陵从过去走到现在。近些年来,每届清明节,都有成千上万海内外人士到陕西黄帝陵祭拜轩辕黄帝,缅怀我们共同的祖先。

除了黄帝之外,炎帝也被公认为中华民族的人文始祖,故而中国人有"炎黄子孙"的称呼。相传炎帝生而异相,幼年时的一天,他的母亲女登带他上山采果,把他放在草地上。炎帝饿了,大声哭起来,他的哭声既像小鹿的哀鸣,又像雏鹰的啼叫,引得母鹿和山鹰都赶来,母鹿给他喂奶,山鹰给他遮阳。史载炎帝教人从事农耕生产,是农业生产的发明人,所以后人称他为神农氏。对炎帝的祭祀与对黄帝的祭祀一样由来已久。据载最早祭祀黄帝的秦灵公也同时祭祀了炎帝。而在21世纪的今天,于清明节祭祀炎帝也是许多人的选择。

其他一些地方也有祭拜活动。2006年4月1日,即农历三月三,"丙戌年黄帝故里拜祖大典"即在河南新郑市举行。传说新郑市是黄帝的出生地和建都地,而农历三月三日是黄帝诞辰。

值得注意的是,除了祭拜中华民族的共同人文始祖之外,一些地方的人们还在清明节对其他历史人物进行祭拜。比如四川都江堰市会举行清明放水节，以纪念蜀郡太守李冰修筑都江堰、造福一方百姓的功业。都江堰是战国时期最著名的水利工程。建堰之前，岷江水患无穷。原来岷江上游流经地势险峻的万山丛中，一到成都平原，水速突减，夹带的大量沙石便沉积下来，淤塞了河道。雨季来临时，岷江及其支流水势暴涨，往往泛滥成灾；雨水不足时，又会造成干旱。沿江两岸人民苦不堪言。秦昭王时，李冰做了蜀郡守。他在前人治水的基础上，带领当地百姓，修筑了集防洪、灌溉、航运于一体的综合水利工程都江堰。李冰用中流作堰的方法，在岷江峡内用石块砌成石埂，叫都江鱼嘴。都江鱼嘴将岷江水流一分为二，东边的叫内江，供灌溉渠用水；西边的叫外江，是岷江的正流。又在灌县城附近的岷江南岸修筑了离碓，夹在内外江之间。离碓的东侧是内江的水口——宝瓶口，具有节制水流的作用。雨水多时，岷江水涨，将都江鱼嘴淹没，离碓就成为第二道分水处。内江自宝瓶口以下进入平原地带的灌溉系统。"旱则引水浸润，雨则杜塞水门"，使得成都平原从此成为"水旱从人，不知饥馑，时无荒年"的天府之国。自汉代以来，每到冬天枯水季节，人们就在渠首用特有的"杩槎截流法"筑成临时围堰，修外江是拦水入内江，修内江是拦水入外江。春耕前举行特定的仪式，拆除拦河杩槎，将水放入灌渠，就叫"开水"或"放水"。清明节是举行放水大典的日子，当地称为清明放水节。这一方面是为

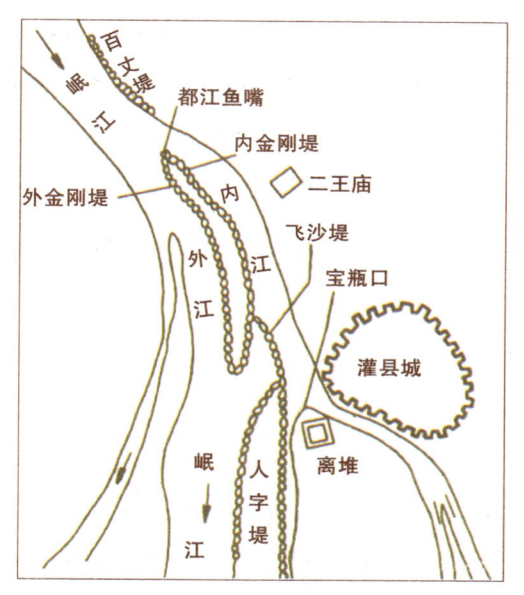

都江堰工程布置示意图

了纪念为四川人民带来福祉的李冰父子，抒发对以李冰为代表的历代治水先贤的感戴之情；另一方面也表达了希望新的一年风调雨顺、五谷丰登的良好愿望。

再比如在陕西勉县，每逢清明，当地要举行为期三天的"诸葛坟会"。届时，有规模盛大的物资交流活动，还要请两家戏班，用唱对台戏的方式演出三国戏及其他历史剧目。来自四面八方的人们则在交易、娱乐的同时，祭扫坟墓，瞻拜前贤。在江苏无锡，清明这天是吴国始祖泰伯的忌辰，无锡百姓有到鸿山泰伯墓地朝拜的习俗，既为始祖上坟，又兼踏青，各路小贩趁机到鸿山做生意，由此形成了多年不衰的鸿山节场，乡间有"清明时节踏鸿山，小麦多收两三担"的民谚。

> 三国名相诸葛亮辅佐刘备建立蜀汉，南征北战，鞠躬尽瘁，死而后已。诸葛亮在岐山五丈原军中病死后，遗命葬于定军山下。因他生前被封为武乡侯，死后谥号忠武侯，人们遂称其墓为武侯墓。

当清明节祭拜活动轰轰烈烈展开的时候，怎样看待这一活动也许是值得澄清的一个话题。因为当越来越多的海内外人士参与其中的时候，我们也清晰地听到了另外一种声音：祭拜祖先是基于神灵信仰的宗教行为。对此，笔者不以为然。笔者相信，现今的我们对于祖辈先贤行祭礼，正如冯友兰先生在其《中国哲学简史》中所说，"并不是因为鬼神真正存在，只是祭祖先的人出于孝敬祖先的感情，所以礼的意义是诗的，不是宗教的"。

其实，这种"诗的，并非宗教的"祭拜长期以来一直贯穿于我国的祭礼之中。早在先秦时期，就已经有人指出：

> 夫圣王之制祭祀也，法施于民则祀之，以死勤事

〔明〕戴进《三顾茅庐图》

则祀之，以劳定国则祀之，能御大灾则祀之，能捍大患则祀之。……及夫日月星辰，民所瞻仰也；山木川谷丘陵，民所取财用也。

应该受到祭拜的，是那些有功于民的，为国家鞠躬尽瘁死而后已的，有开国功勋的，能够抗御大灾害的，保卫百姓不受祸患的人物，是人民赖以识别四季的"日月星辰"和作为人民用度来源的"山木川谷丘陵"。显而易见，中国人对祖先与前贤的祭拜是一种道德信仰，是发自个体情感的感恩、纪念与缅怀。

由于祖先与前贤是民族和国家历史的创造者，是灿烂物质文化、制度文化和精神文化的缔造者和传承人，那么，年复一年于清明节对他们的感恩纪念与缅怀，实际上就是周期性地重温我们民族和国家的历史，就是复述和传承中华文明的集体记忆。正是包括这种集体记忆在内的关于中华民族历史与文化的全部集体记忆形成了坚定不移的民族认同感和持久不衰的向心力、凝聚力。也正是这种力量使我们的国家一次次从分裂走向统一，从动荡走向和平，使我们的民族一次次从艰难困苦中崛起。

当今时代，担负着实现中华民族伟大复兴、完成祖国统一大业的历史使命，我们对于民族向心力和凝聚力、炎黄子孙的认同感和归属感丝毫没有减少，清明祭祖也便有了继续存在的理由，也应当得到充分的尊重。

如果我们综合考虑清明节人们的祭祖行为，可以发现人们所祭之祖实际上处于不同的层面，有一家之祖，有一族之祖，有一地之祖（贤），有一国之祖（贤），"报本崇初祖，数典颂轩辕"，正处于清明节祭一国之共祖的层面。实际上，正是这不同层面的祭祖行为，让人们在不同层面具有了血肉联系，也因而拥有了不同层面的认同感和归属感。与此同时，我们获得一个家庭、一个家族、一个地区、一个国家，乃至中华民族发展进步的历史深度与前程广度。

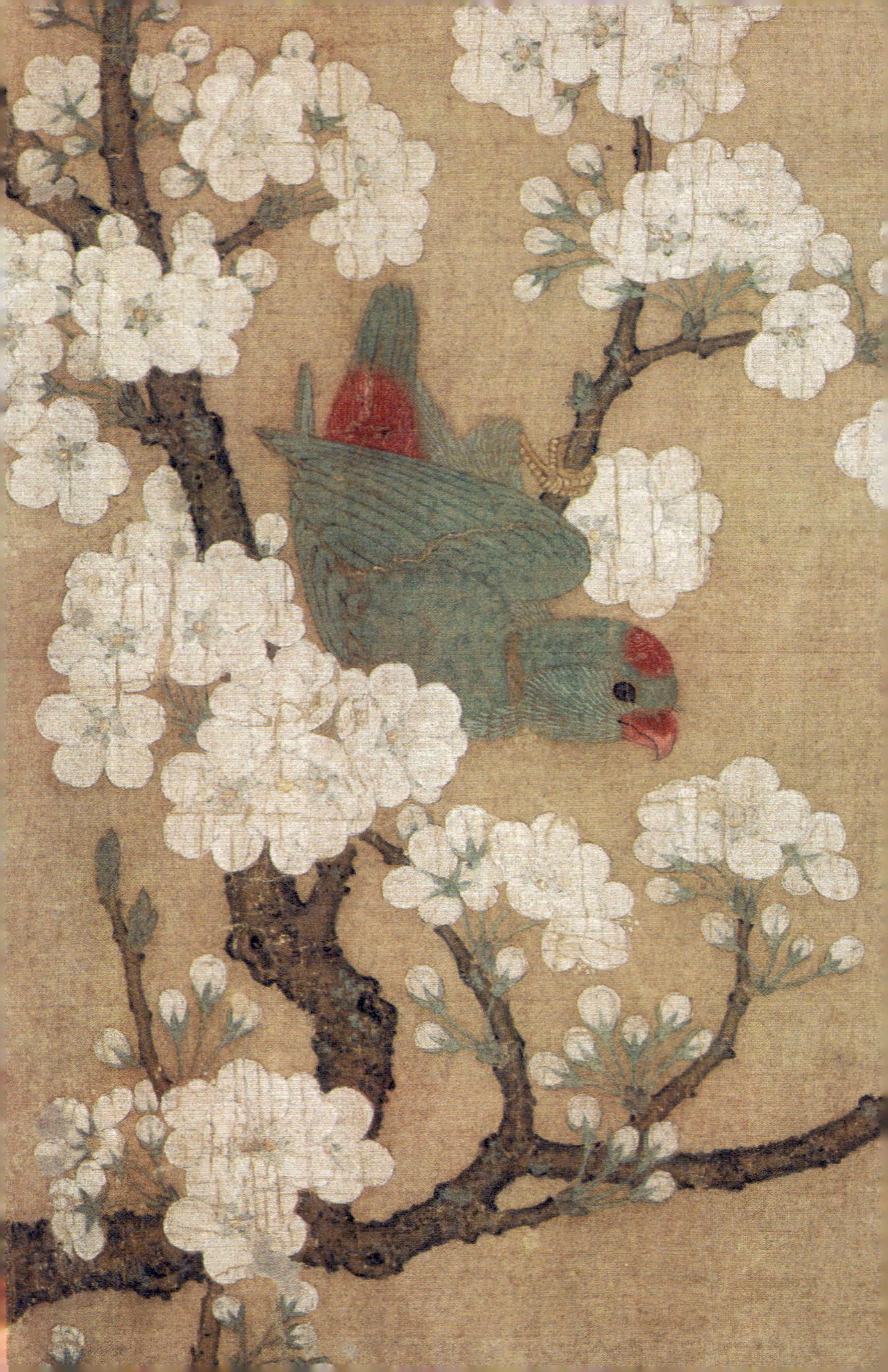

肆

梨花风起正清明——踏青

拆桐花烂漫，乍疏雨、洗清明。正艳杏烧林，缃桃绣野，芳景如屏。倾城。尽寻胜去，骤雕鞍、绀幰出郊坰。风暖繁弦脆管，万家竞奏新声。

盈盈，斗草踏青，人艳冶、递逢迎。向路旁往往，遗簪堕珥，珠翠纵横。欢情。对佳丽地，任金罍罄竭玉山倾。拚却明朝永日，画堂一枕春醒。

（柳永《木兰花慢·清明》）

桐花绽放，杏花盛开，桃花灿若云霞，人们倾城出动，寻芳觅胜。踏青的人是如此得多啊，路旁遗落的珠翠簪环数也数不清……柳永的长调慢词用光艳明媚的色调描绘出宋代人清明时节踏青的热烈场面，不由人跃跃欲试，恨不得马上加入踏青的人群中去，赏花、斗草、歌舞，去领略那份闲适、惬意与纵情……

是啊，当几番朗日酥雨交替，驱走了冬天的萧索冷清，当骀荡春风吹醒了草，吹开了花，吹绿了柳，吹蓝了天，吹来了鸟鸣，"猫"了一冬的人们，有谁能够在春的呼唤面前无动于衷？

> 人类难逃死亡的噩运，因此尘世生命就是有限的，这是对我们的生命的最大挑战。（贝克勒《向死而生》）

每个人都必然走向死亡，却又都希望生得长久。也正是在这不可解决的向死而生的矛盾之中，人们对生有着深刻的感悟，也积极追求着现世的快乐与幸福。尤其当美好的生命在驱驱行役中渐渐老去之时，人们会不自觉地流露出对韶华、对生命的无限留恋和追慕。

生命是人的终极价值所在，人们热爱生命。人们热爱生命，便会热爱春天。因为春天是万物复苏、欣欣向荣的生命的季节。溪畔枫杨的爆芽，河边柳枝的抽绿，园里红杏的初绽，筑巢燕子的呢喃，无不是生命力量的彰显。人们热爱春天，热爱春天的物象，知道春天不在封闭的房间里，而在广袤的田野中，便会走到户外去游玩踏青。

踏青习俗的形成，正源于人类对春天的热爱，也因而是源于人类对生命的执着。踏青，是人类的一种内在需求。去踏青，可以采掘沾着晶莹露珠的鲜嫩野菜，可以蹲在清澈见底的小溪边摸蟹钓鱼，可以在温暖的阳光中打几个滚，可以在如毯的草坪上嗅野草的芬芳，也可以踢踢球，或者放放风筝。总之，倘

〔清〕黄钺春《台同乐册（局部）》

徉在风和日丽、翠色欲滴的大自然中，呼吸变得均匀，血压变得平稳，新陈代谢加快，机体功能得到良好地调整，心情也会愉悦安宁。民间的许多说法，如"佬小踏青，耳聪目明""老人踏青，返老还青"等，正是对踏青养生作用的艺术化归纳。

踏青时候还有许多平时见不到的玩意儿可饱眼福。据明《西湖游览志余》卷二十载清明节苏堤一带：

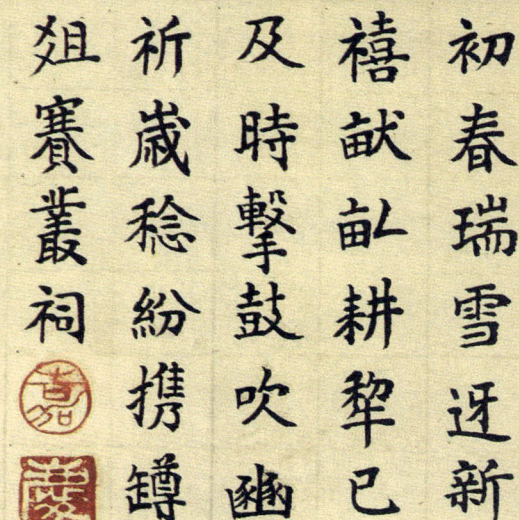

初春瑞雪迓新禧，献畎耕犁已及时，击鼓吹幽徂赛丛祠祈岁稔纷携樽

桃柳阴浓，红翠间错，走索、骠骑、飞钱、抛钹、踢木、撒沙、吞刀、吐火、跃圈、筋斗、舞盘及诸色禽虫之戏，纷然丛集。而外方优妓，歌吹觅钱者，水陆有之，接踵承应。又有买卖赶趁，香茶细果，酒中所需。而彩妆傀儡、莲船、战马、饧笙、鼗鼓、琐碎戏具，以诱悦童曹者，往往成市。

肆　梨花风起正清明——踏青

在京城高粱桥一带：

骄妓勤优，和剧争巧。厥有扒竿、筋斗、唓喇、筒子、马弹解数、烟火、水嬉。扒竿者，立竿三丈，裸而缘其顶，舒臂按竿，通体空立移时也。受竿以腹，而项手足张，轮转移时也。衔竿，身平横空，如地之伏，手不握，足无垂也。背竿，踝夹之，则合其掌，拜起于空者数也。盖倒身忽下，如飞鸟堕。筋斗者，拳据地，俯而翻，反据，仰翻，翻一再折，至三折也。置圈地上，可指而仆尔，翻则穿一以至乎三，身仅容而圈不动也。迭案焉，去于地七尺，无所据而空翻，从一至三，若旋风之离于地，已则手两圈而舞于空，比卓于地，项膝互挂之，以示其翻空时，身手足尚余间也。嗔喇者，掐拨数唱，谐杂以诨焉，鸣哀如诉也。筒子者，三筒在案，诸物械藏，示以空空，发藏满案，有鸽飞，有猴跃焉。已复藏于空，捷耳，非幻也。解数者，马之解二十有四，弹之解二十有四。马之解，人马并而驰，方驰，忽跃而上，立焉，倒卓焉，鬣悬，跃而左右焉，掷鞭忽下，拾而登焉，镫而腹藏焉，鞦而尾赘焉，观者炭炭，愁将落而践也。弹之置丸童顶，弹之碎矣，童不知也。踵丸，反身弹之，移踵则碎，人见其碎，不见其移也。两人相弹,丸适中遇而碎,非遇,是俱伤也。烟火者,鱼、鳖、凫、鹭形焉,燃而没且出于溪,屡出则爆,中乃其儿维,众散,亦没且出,烟焰满溪也。

各种杂耍儿活动精彩纷呈,令前来游观的人大开眼界。所以,爱好踏青者就绝不仅仅是包括柳永在内的芸芸宋代人。

春秋时期的郑国人,就多有踏青者。《诗经·溱洧》中有一段男女之间踏青戏水的欢乐场面:

溱与洧,方涣涣兮。
士与女,方秉蕳兮。
女曰观乎?士曰既且,且往观乎?
洧之外,洵訏且乐。
维士与女,伊其相谑。赠之以勺药。

溱与洧,浏其清矣。
士与女,殷其盈兮。
女曰观乎?士曰既且,且往观乎?
洧之外,洵訏且乐。
维士与女,伊其将谑。赠之以勺药。

正是溱洧风光好，河水哗哗泛春潮的大好时节！一群群青年男女，手拿芬芳香兰草，沿河游玩。诗篇还用特写的镜头，记录了一对恋人的谈话。妹妹说："到那边去看看？"哥哥说："我已经去看过了。"妹妹说："咱们再去看看嘛。洧河那一边，地方真大乐陶陶！"于是乎，阿哥阿妹在一道，亲亲热热相调笑，送一束芍药把情意表！由此可以想见，春秋时期郑国人的春游之俗，是何等的热闹繁盛！

我国伟大的思想家、教育家孔丘先生和他的弟子曾皙，也是春秋时期的踏青爱好者，且喜欢与朋友弟子结伴同行。据《论语》记载，有一次，孔子让子路、曾皙、冉有、公西华等几个弟子各言其志。曾皙说自己的志向就是："暮春者，春服既成，冠者五六人，童子六七人，浴乎沂，风乎舞雩，咏而归。"孔子对此深表赞同。暮春时节，与朋友相邀，同到野外欣赏无边光景一时新，用沂河水洗洗脸，在舞雩台上吹吹风，唱着歌儿回家转，确实是极惬意的事情啊。

汉代的人们，仍然有春游的做法。其场面之繁华，其士女之杂集，其于春游之爱深，与柳永描绘的宋代盛况并无二致。张衡的《南都赋》描写尤详：

> 于是暮春之禊，元巳之辰。方轨齐轸，祓于阳濒。朱帷连网，曜野映云。男女姣服，骆驿缤纷……于是

〔清〕华岩《寻春图（局部）》

齐僮唱兮列赵女，坐南歌兮起郑舞，白鹤飞兮茧曳绪。修袖缭绕而满庭，罗袜蹑蹀而容与……夕暮言归，其乐难忘。

魏晋南北朝时期，踏青依然盛行，这从北周庾信的《春赋》中可见一斑：正是"新年鸟声千种啭，二月杨花满路飞"的季节，男男女女纷纷走出户外，"开上林而竞入，拥河桥而争渡。出丽华之金屋，下飞燕之兰宫……影来池里，花落衫中"。品美酒，享佳肴，所谓"石榴聊泛，蒲桃酽酷。芙蓉玉碗，莲子金杯。新芽竹笋，细核杨梅"。又有丝竹歌舞、走马步射之乐。到了三月三日，人们又来到树下河边祓禊[1]游玩。"池中水影悬胜镜，屋里衣香不如花。"人人都知道，池水照出的人影比镜中的美啊，屋里的衣香哪比得上田野的花香？所以"任丈山头日欲斜，三晡未醉莫还家"，这些耽于春游的人们，不到天晚不到喝个酩酊大醉是断然不肯回家的。

大唐是个盛行娱乐的时代，唐人更不会辜负大好春光。所以"三月三日天气新，长安水边多丽人"，所以"著处繁华矜是日（指清明），长沙千人万人出"。唐代以降，历宋元明清，国人对于踏青的热爱并未稍减，直到今天，冰雪的融化，迎春

---

1 到水边洗濯，洗去宿垢，叫作祓禊。俗以为祓禊可以祛凶驱邪。

花的绽开，小草的泛绿吐芽，都让不少人为之心动，迫不及待地走出家门去寻找更多春的消息。及至桃红柳绿，牡丹盛开，游春踏青的人就更加络绎不绝起来。

值得指出的是，由于春天是一个季节，是一个较长的时间段，而且不同的时间段春的浓淡不同，景致不同，更何况我国幅员辽阔，各地春天到来的时间不一，所以各地踏青的时间便也不那么统一，在一地也并非只有短短的几天可以去踏青。但这并不意味着踏青没有一个相对固定的时间。至少从文献资料的记载来看，自魏晋至唐朝，上巳日（农历三月三日）踏青是更为普遍的习俗。这一天，在西晋时期的洛阳：

王公以下，莫不方轨连轸，并南浮桥边禊，男则朱服耀路，女则锦绮粲烂。

在南朝梁的建康：

都人野老，云集雾会，结轸方衢，飞轩照日。

唐朝的三月三是个盛大的节日：

上巳曲江滨，喧于市朝路。

相寻不见者，此地皆相遇。

日光去此远，翠幕张如雾。

何事欢娱中，易觉春城暮。

物情重此节，不是爱芳树。

明日花更多，何人肯光顾。

　　刘驾的这首《上巳日》给人只有在上巳节人们才会出来寻花探春的印象，显然夸大了上巳节在时人心目中的地位。但结合"巳日帝城春，倾都祓禊辰"（崔颢《上巳》）、"佳人祓禊赏韶年，倾国倾城并可怜。拾翠总来芳树下，踏青争近绿潭边。公子王孙恣游玩，沙场水曲情无厌……绿水残霞催席散，画楼初月待人归"（万齐融《三日绿潭篇》）等描写，刘驾《上巳日》又多有可信之处。唐代人确实格外看重三月初三的春游。

　　但也正是在唐代，寒食节盛行，清明节兴起，踏青也开始比较集中于这两个节日期间进行。类似"今年寒食好风流，此日一家同出游"（元稹《寒食日》）、"万骑出都门，拥在香尘里"（邵谒《长安寒食》）、"轩车竞出红尘合，冠盖争回白日斜"（胡曾《寒食都门》）、"游人恋芳草，半犯严城鼓"（李正封《洛阳清明日雨霁》）、"延兴门外攀花别，采石江头带雨逢"（郑准《江南清明》）等诗句，都说明了这一事实。

　　踏青之所以开始相对集中于寒食清明期间进行，和唐代寒食清明扫墓习俗的普遍流行密切相关。要扫墓便不能不去墓地，墓地又总是被安置在离生活区较远的山野之中，山野自然是春意显露之地，故而在一定程度上踏青可以被视为扫墓活动的伴生物。所以，我们能看见文献中有如下的记载：

> 三月清明日，男女扫墓，担提尊榼，轿马后挂楮锭，粲粲然满道也。拜者、酹者、哭者、为墓除草添土者，焚楮锭，次以纸钱置坟头……哭罢，不归也，趋芳树，择园圃，列坐尽醉，有歌者，哭笑无端，哀往而乐回也。

话又说回来，当扫墓者在缅怀死者的悲伤里格外感受到生命的可贵与短暂时，会不由自主萌发出不让良辰美景虚设的欲求，那么此时，踏青便不再是一种伴生物，它本身就是意义之所在。

唐代以后，随着清明节地位的上升，寒食节、上巳节地位的下降，乃至后两者的日渐衰微，踏青越来越成为清明节的习俗内容。这一变化在宋代已见端倪。"四野如市，往往就芳树之下，或园囿之间，罗列杯盘，互相劝酬。都城之歌儿舞女，遍满园亭，抵暮而归。"说的是北宋京城汴梁清明节郊游的状况，"就名园芳圃、奇花异木之处"，或"彩舟画舫，

（明）张纪《人面桃花图》

款款撑驾，随处行乐"，是吴自牧《梦粱录》谈到南宋杭州清明节的情景。我们前面引用的柳永词，所反映的也正是南宋清明踏青的盛况。当时政府还规定，每到清明节来临，太学放假三天，武学放假一天，鼓励学生游玩踏青。宋代以后，清明踏青更加普遍。明人刘侗、于奕正在《帝京景物略》中说："是日簪柳，游高梁桥，曰踏青。"又据黄仲琴的描述，民国时期的福建漳州，"遇清明节，则呼朋结队，游行郊外，为踏青之举"。在山东博兴，俗以为"清明踏了青，不患脚疼病"，所以这天踏青者尤其多。

"后生踏青，攀个好亲。"春天是情愫萌动的季节，男男女女外出踏青又为彼此的相识交往提供了可能，所以踏青时节总会有一些缠绵悱恻的爱情故事发生。其中最著名的，当然是崔护"人面桃花相映红"的佳话。

> 据《唐诗纪事》载，参加科举考试没有成功的崔护，在清明节独自到长安城南游玩，至一村户，见花木丛萃，寂无人声。他走上前去敲门。过了好久，才有一女子隔着门缝问来人何事。崔护说自己"寻春独行，酒渴求饮"，讨杯水喝。那女子打开门让崔护进来，端水给他喝，自己则倚着桃花，情意绵绵地看着崔护。崔护临行时，女子送到门外，似有恋恋不舍之意。来

年清明节，崔护追忆往事，情不可遏，又往探视，见门院如故，只是门上了锁。惆怅之余，崔护挥笔在门扉上题诗："去年今日此门中，人面桃花相映红。人面不知何处去，桃花依旧笑春风！"

这则在《唐诗纪事》里到此为止的故事，在冯梦龙的《警世通言》里还有了一段起死回生的曲折情节。话说崔护题诗后的第二天，他因放心不下又去探看，这次出来一个老人，说崔护杀了自己的女儿。并说自从去年崔护走后，女儿就"昏昏如醉，不离床席"。但昨天她突然说，"去年今日曾遇崔郎，今日想必来也"，走到门前，望了一日，不见。转身抬头，忽见白板扉上诗，长哭一声，瞥然在地。一夜不醒。早晨忽然睁开眼说崔护来了，果然就来了。老人请崔护进去一看。不料想崔护刚进门就听见里面哭了一声，再看时，那女子已是死了。崔护是又惊又痛，"便走到床前，坐在女儿头边，轻轻放起女儿的头，伸直了自家腿，将女儿的头，放在腿上，亲着女儿的脸道：'小娘子，崔护在此。'顷刻间，那女儿三魂再至，七魄重生，须臾就走起来。"后来，二人就结了婚，崔护发迹为官，夫妻一世团圆。

唐代以后踏青成为清明节的习俗，并不意味着踏青只是在清明节里才能举行。事实上，在南宋的杭州，人们自元宵节一过，就开始外出郊游了，俗曰"探春"。清朝嘉庆年间修纂的《汉阳县志》也载当地的人们"二三月间，各于月湖堤上，桃柳阴中，选胜携觞，倾城游宴，或泛舟绿水，或结伴芳洲，帘影波光，往来如栉"。而在四川、云南等地，二月初二日就是"踏青节"，在上海，农历二月十二花朝节，也是踏青赏红的好日子。

类似的爱情故事总在清明节期间发生，如《金明池吴清逢爱爱》(《警世通言》卷三十)、《聊斋志异·阿宝》，都讲述了清明节踏青引发的爱情故事。这些爱情故事的上演反过来又增加了清明节的文化内涵，也因此更让世人多了对踏青习俗的参与和关注。

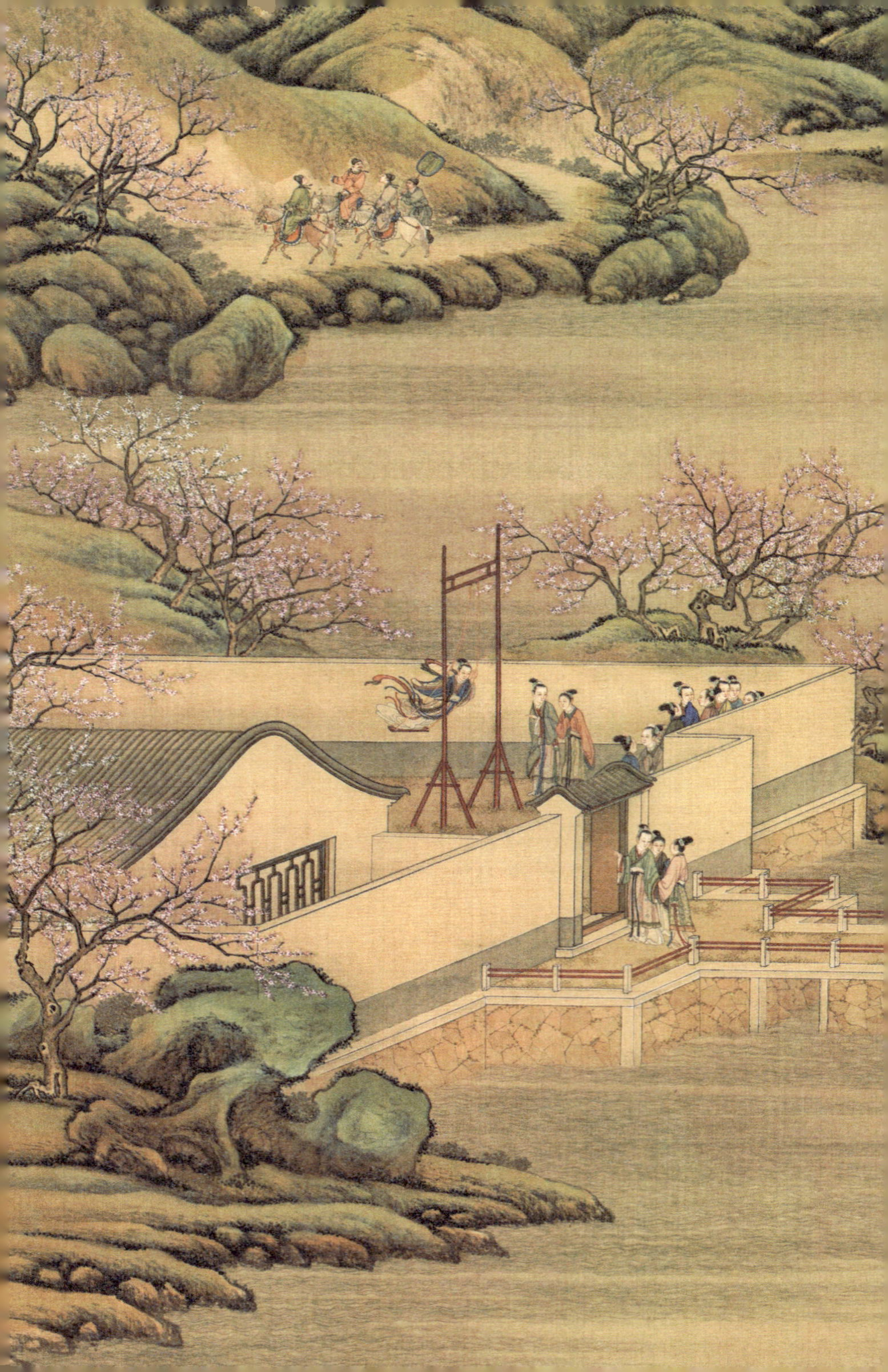

伍

人隔垂杨听笑声——荡秋千

画架双裁翠络偏，佳人春戏小楼前。

飘扬血色裙拖地，断送玉容人上天。

花板润沾红杏雨，彩绳斜挂绿杨烟。

下来闲处从容立，疑是蟾宫谪神仙。

（释德洪《秋千》）

中原秋千的历史

诗如画。杨柳、杏花、小楼、佳人、红裙、秋千，共同构成了春天最美丽的一幅图景。在这画里，一切的一切都因摆荡的秋千而生动。

据宋人高承《事物纪原》记载，秋千"本山戎之戏也，自齐桓公北伐山戎，此戏始传中国"。这是关于秋千发源地的普遍观点。山戎是我国古代北方少数民族，生活在今天北京市及其周围地区。秋千最初是山戎进行军事训练的工具，后来春秋五霸之一的齐桓公北伐山戎，将这一做法带到中原，后来又逐渐向南方流传，并演变成一种娱乐设施。

大约汉武帝时，秋千在宫廷中得到发展。唐人高无际曾在《汉武帝后庭秋千赋并序》中记载：

> 考古之文苑，惟秋千赋未有作，况秋千者，千秋也，汉武祈千秋之寿，故后宫多秋千之乐。

秋千盛行的原因在于汉武帝希望借此能够活得更为长久些。汉武帝的这个愿望虽然没有实现，秋千却流传了下来。大约也是在这个时期，荡秋千开始成为女子的游戏。至少到南北朝时期，它已成为寒食节的重要活动。对此，宗懔在《荆楚岁时记》中做了明确记载。到了唐代，秋千更为盛行，而且集中于寒食清明期间活动。五代王仁裕在他的《开元天宝遗事》中提道：

> 天宝宫中，至寒食节，竞竖秋千，令宫嫔辈戏笑以为宴乐。帝呼为半仙之戏，都中市民因而呼之。

风流天子唐玄宗，将荡秋千称为半仙之戏，确实精当而富含创意。想那些花容月貌的女子随着秋千在空中忽上忽下忽高忽低，衣袂飘飘，环珮叮当，哪有不像仙女的道理？

"十年蹴鞠将雏远，万里秋千习俗同"，杜甫的这两句诗反映出秋千在唐代的兴盛。王建则用百余字的篇幅向我们展示了

〔明〕吴彬《岁华纪胜图册（局部）》

唐代秋千的形制和唐代人荡秋千的动人情景。

长长丝绳紫复碧，袅袅横枝高百尺。
少年儿女重秋千，盘巾结带分两边。
身轻裙薄易生力，双手向空如鸟翼。
下来立定重系衣，复畏斜风高不得。
傍人送上那足贵，终赌鸣珰斗自起。
回回若与高树齐，头上宝钗从堕地。
眼前争胜难为休，足踏平地看始愁。
（王建《秋千词》）

清明

长长的秋千索是彩色的，高高地搭在秋千架上，所谓"长长丝绳紫复碧，袅袅横枝高百尺"。最爱秋千之戏的是那些处在人生最美丽年华的青年男女。他们聚集在一起，轮流将秋千荡起。只见那荡秋千的人儿"身轻裙薄易生力，双手向空如鸟翼"，他（她）张开双臂像鸟儿一样忽上忽下，其实已经荡得够高了，但还嫌不够，"下来立定重系衣"，从秋千上下来，重新整理衣服，好再做一番努力。

就这样玩着玩着，荡秋千不再是悠闲的嬉戏，而成了一种颇具火药味的竞技：那些争强好斗的人一定要比试个高低，荡者头上的饰品往往就是赌资。此时节，"傍人送上那足贵"？荡秋千者不能靠别人的推送，而要完全凭借个人的技艺。这真是一番惊心动魄的较量，荡的人凌空飞扬，衣袂飘举，怕的是不能荡得高一点再高一点。看的人如痴如醉，心痒不已，恨不得马上也上去大显身手，一展丰姿。

比赛就有胜负，荡秋千仿佛打擂台，真是长江后浪推前浪，一浪更比一浪强，不断有人参与到比赛中来，也不断有后来者取代前一个赢家成为新的赢家。"回回若与高树齐，头上宝钗从堕地。"如果有哪个人每次荡的都只能与高树齐平，而没有进步，那就只有把刚才赢来的宝钗摘下来送给别人的份儿了。"眼前争胜难为休"，比赛就这样一直激烈地进行下去。对一个唐代人来说，最愁煞人的事情倒不是荡得不高，而是只能"足踏平地"

在旁边看别人或轻松或紧张地荡来悠去啊。

由朴素转向精美、由简单转向复杂，几乎是事物发展的一条定律。在宋代，荡秋千依然盛行，"稚子就花拈蛱蝶，人家依树系秋千"（王禹偁《寒食》），"桥边杨柳细垂地，花外秋千半出墙"（邵雍《春游吟》），是极其常见的情景。不仅如此，追求精致生活的宋人还发展出"水秋千"的新花样。据《东京梦华录》记载，水秋千于清明节前后汴京新郑门外的金明池[1]举行。届时，上自皇帝宫妃、王公大臣，下至黎民百姓，竞相观看。表演之前，要先在水中两艘雕画精美的大船船头上竖起高高的秋千架。表演开始，船上鼓乐齐鸣，一人登上秋千奋力荡来荡去，只见那秋千愈荡愈高，待与秋千架相平时，人便脱手离开秋千，在空中画一道美丽的弧线，跃入水中。与此同时，在船尾处，有百戏人表演上竿。所谓上竿，就是在船上用两张长凳叠起一张条案，案上一人仰卧，脚蹬高竿，一人爬上竿顶，手展长幡，上书"庆国泰民安，贺风调雨顺"字样。水秋千姿势优美，惊险刺激，成为当时最受欢迎的项目之一，也给曾经有幸目睹盛况的人们留下了美好而深刻的记忆。南宋诗人朱翌就是其中的一

---

1 金明池始建于五代周世宗显德四年（957），因当时筹备攻打南唐，北方人不习水性，就开凿了金明池以训练水军。后来，承平日久，金明池逐渐由一个战备基地演变为娱乐场所。

个,他在"端午观竞渡曲江"时,不为"大堤士女立如堵,乐事年年动荆楚"的情景吸引,反倒想起了从前的水秋千:

> 却忆金明三月天,春风引出大龙船。
> 二十余年成一梦,梦中犹记水秋千。

元朝大都城内,"上至内苑,中至宰执,下至士庶,俱立秋千架,日以嬉游为乐"。元曲杂剧中多有秋千活动的描写,如"画楼洗净鸳鸯瓦,彩绳半湿秋千架"(王元鼎《醉太平·寒食》);"桑柘外秋千女儿,髻双鸦斜插花枝"(卢挚《蟾宫曲·寒食新野道中》);"宽绰绰翠亭边蹴鞠场,笑呷呷粉墙外秋千架"(乔吉《金钱记》第一折);等等。这些无不是元代秋千盛行的明证。

到了明朝,清明节已有"秋千节"的称呼,可见秋千的受重视程度。被称为明代"第一奇书"的文学名著《金瓶梅》在第二十五回《吴月娘春昼秋千　来旺儿醉中谤讪》中就描摹了西门庆妻妾清明时节荡秋千的情景:

> 先是吴月娘花园中扎了一架秋千。这日见西门庆不在家,闲中率众姊妹游戏,以消春困。先是月娘与孟玉楼打了一回,下来教李娇儿和潘金莲打。李娇儿辞说身体沉重,打不得,却教李瓶儿和金莲打。打了

一回，玉楼便叫："六姐过来，我和你两个打个立秋千。"吩咐："休要笑。"当下两个玉手挽定彩绳，将身立于画板之上。月娘却教蕙莲、春梅两个相送。正是：

红粉面对红粉面，玉酥肩并玉酥肩。

两双玉腕挽复挽，四只金莲颠倒颠。

那金莲在上面笑成一块。月娘道："六姐你在上头笑不打紧，只怕一时滑倒，不是耍处。"说着，不想那画板滑，又是高底鞋，跐不牢，只听得滑浪一声把金莲擦下来。早是扶住架子不曾跌着，险些没把玉楼也拖下来。

…………

然后，教玉箫和蕙莲两个打立秋千。这蕙莲手挽彩绳，身子站的直屡屡的，脚跐定下边画板，也不用人推送，那秋千飞在半天云里，然后忽地飞将下来，端的却是飞仙一般，甚可人爱。

西门庆的"女人们"荡秋千的彼情彼景如在眼前。她们平常的钩心斗角、猜疑不满，都在一时间被秋千荡尽。秋千有个"释闺闷"的俗称，若看这里，秋千岂止可以释闺闷，亦是可以释闺怨的呀。

在清朝，无论是宫廷还是民间，仍然保留了荡秋千的风俗。

玉箫跪受三章约

〔清〕佚名《金瓶梅插图》

潘荣陛《帝京岁时纪胜》中载:"每于新正元旦至十六日,宝马香车游士女,白塔寺打秋千者,不一而足。"而翊坤宫廊下至今仍留有当年悬挂秋千的大铁环。故宫博物院中亦收藏着一架当年供后妃们玩荡的木秋千，呈长方形，长60厘米，宽15厘米，厚2.5厘米，两侧有直径8.5厘米的铁环，上系直径2厘米的棉粗绳。依稀可以遥想当时的热闹与繁华。

民国期间，也还有许多地方盛行秋千之戏。这种转秋千的情趣与热闹不知令多少人心向往之。据1941年《潍县志稿》载：

> 秋千之在人家庭院者悉属旧式，惟城外白狼河边沙滩上坎地竖一木柱，上缀横梁，四面绳系画板，谓之"转秋千"。小家女子多着新衣围坐画板上，柱下围一木栅，内有人推柱使转，节之以锣，当锣声急时推走如飞，画板可筛出丈余，看似危险，而小女子则得意自若也。又于秋千柱顶上悬一小旗，并系以钱，则有多数勇健少年猱升而上，作猴儿坐殿、鸭鸭浮水、童子拜观音种种把戏，谓之"打故事"。捷足者得拔旗，携钱以归。观者乃夸赞、呵好不绝。此盖多年积习，至今未改。

各民族的秋千

我国是一个多民族的泱泱大国，秋千之戏并非仅在汉族中流行，许多少数民族都有荡秋千的风俗。

首先要提的是朝鲜族。早在13世纪，在高丽史《雀忠献传》

中就有"端午忠献设秋千戏于柏井洞宫，宴文武四品以上三日"的记载。后来，出现了将金铃系在秋千上以测量腾空高度并决定优劣胜负的比赛。秋千有简易的，往往系在风景优美地带的大树上。也有专门的秋千架，将两根木杆竖立，高10米到12米，两杆之间横架一根圆木，称为衡。每到节日，姑娘们就身穿艳丽的彩裙，围在秋千旁，以争高低。此时，高空的彩带上会悬挂起一串金黄锃亮的铜铃，参加比赛者凌空而起，看谁碰响铜铃的次数多。惊艳的摆荡，飘舞的裙裾，悦耳的铃声，将秋千之戏营造得有声有色，令人目眩神迷。

维吾尔族的"空中转轮"（维吾尔语为沙哈尔地）是另一种形制的秋千。由高十余米的主轴、木轮、轮杆和绳索联结而成。主轴直立于地面，木轮装在主轴顶端，轮上装两根横木，都系上绳索，如秋千状。绳索上各站一人。玩耍时，有人推轮杆带木轮转动，随着转速越来越快，站在绳索上的人也升入高空。推杆人撒手以后，还可以借惯性转飞许久。还有一种较简单的形式，也能给人带来乐趣无穷。在地上竖一6至8米高的木杆，上端同样套一轮，轮上安装四个环，每环垂一绳到地，绳的末端结成能伸进大腿的环套。游戏时，每绳一人，左腿伸入环内，左手援绳，同时以右腿蹬地，使之快速旋转，结果愈蹬愈转，愈转愈快，愈快愈高，直到离开地面。

柯尔克孜族的秋千这样制成：在空地上，分别用三根木头搭成两座距离3至5米的三脚架，架上架一横梁，横梁上悬挂六根"U"形的牛毛绳即成。游戏时，游戏者面对面，两人皆背靠绳上，双脚交错蹬在较长的两根牛毛绳上，伸开双臂各抓两根牛毛绳。双脚蹬动，就会越荡越高。荡时往往还要唱歌：

六根竿架起来了秋千，姑娘、媳妇荡秋千；
七根竿架起来了秋千，又蹬又踩荡秋千。

粗毛绳绑起了秋千，姑娘们游戏荡秋千；
撩得小伙子心儿乱，又争又抢荡秋千。

八根竿架起了秋千，齐蹬齐踩荡秋千；
小伙子争着来做伴，姑娘们红着脸儿荡秋千。

圆圆的月儿挂蓝天，姑娘们月下荡秋千；
翩翩红裙迎风转，欢快的笑声传草原。

在我国西南少数民族地区还流行有磨秋、风车秋千等名目。磨秋分两种，一种叫转磨秋，一种叫磨担秋，又以磨担秋更为有趣。其制作方法，取一根长1至2米、直径约15厘米的硬木竖于地上为柱，顶端削细作轴。另选一根粗细相当、长数米的木杆，中间凿凹，横置于立柱顶上。游戏时，游戏者推着木杆用脚蹬地跑上数步，就快速骑坐或趴于木杆两端，木杆就像磨一样旋转起来，旋转的同时，两端此起彼落，而落地的一方这时就要用力蹬地，使杆弹起。不断运动中的木杆旋转不止。

风车秋千是一种结构较为复杂的秋千，在空地上立两根高约3米的木柱，相距约3米，柱顶架一横梁，横梁中间套一个宽约1米的十字形木滚轴，如车轮状，滚轴上有各长约2米的四对平行足，足端系短绳，绳端拴一木板，形如秋千。玩时，游戏者各坐一木板上，使滚轴转动，上下升降。各人脚触地时就用力蹬地，可令秋千如风车般旋转。苗族的八人秋就是一种八人同玩的风车秋千。随着用力，旋转逐渐加快，秋千上的人时而凌空飞转，时而快速俯冲。等八人秋千高速旋转均匀后，丰富多彩的对歌便开始了。

这一活动方式相传是一位叫巴贵达惹的苗族青年设计的。有一次，巴贵达惹射落一只山鹰，鹰爪上有一只绣着"鲤鱼戏水"图案的绣花鞋，它一定归一个姑娘所有。为了找到这位姑娘，他便精心设计了八人秋，邀请周围苗寨里的青年男女在赶秋节时来对歌荡秋千。届时果然有许多人前来参加，其中有位姑娘，她穿的绣花鞋正与鹰爪上的那只一样。巴贵达惹与姑娘一见钟情，二人对歌，结成百年之好。

高山族将打秋千称作"缈绵"。据清代《番社采风图考》记载，"番女有缈绵氏之戏，即秋千也，以缈为飞，以绵氏为天，意以为飞天耳"。"每风和景明，招邀同伴，椎髻盘花，靓妆丽服，以银钱、珊珠贯其背，条脱缠腕，累累相比，欢呼游戏。"高山族的曹人，还有在播种祭最后一天持火把荡秋千的做法。这天傍晚，采葛蔓系于树上做成秋千，然后到祭田旁的田舍里取出火把点燃，拿着去秋千上荡五个来回，而后持火把回家，用它点起灶中的火，并用新燃的火烤猪肉食用。

秋千并不仅仅在清明时游戏，在云南纳西族，人们荡秋千多选择在农历正月进行，届时男女老少都来参加，以示除旧布新，称为"秋千会"。秋千一般以村为单位搭设，女子出秋千绳，男子备料安装。有的地方还举行秋千仪式，由父母健在、夫妻双全、儿女众多的男性长者先行摆荡后，其他人才争相游戏。在云南哈尼族，每年农历五六月过"苦扎扎"节时打磨秋。届时，先由几位老人"开秋"，然后再换青年男女。磨秋旋转中，发出"咕吱咕吱"的声音，俗信这种声音是当年庄稼收成好坏的预兆，声音越大，收成越好。而在高山族排湾人的婚礼中，秋千活动也是不可缺少的一环。婚礼前一天，新郎会请一些朋友到山里砍伐几根树木，运到新娘家，在旷地或潭边搭建秋千架。两根主柱的末梢要留一些枝叶，以绿色和葱郁象征婚姻的美满与幸福。婚礼日，女家姐妹和女伴都打扮得花枝招展，成群结队前来荡秋千，预祝一对新人白头偕老，步步高升。

秋千之戏是如此为人喜爱，以至于今天仍然活在全国各族人民的生活中。不仅如此，自1986年起，秋千还被列为我国少数民族传统体育运动会的比赛项目，这也反映了秋千之戏的魅力与盛行。

  第七届全国少数民族传统体育运动会对秋千项目的规定：比赛只限女子参加。本届运动会设个人高度和触铃，双人高度和触铃及团体赛五个项目。高度比赛是以在规定的试荡次数内荡达的最高点计算成绩。触铃比赛则是在规定的高度上和时间内以运动员触铃的次数计算成绩。比赛场地为20米×8米的长方形平坦地面。秋千架高12米，起荡台（供运动员试荡开始时脚踏用）高1.3米。高度比赛，单人或双人比赛均有6次试荡机会。铃杆的起荡高度均为6米。极限高度：双人10.5米，单人10米。触铃比赛，铃杆高度：单人6.2米，双人7米。单人或双人触铃比赛均有一次试荡机会，时间10分钟。

女子与秋千

在中国传统话语体系中，秋千是属于女子的。哪怕事实上秋千的起源更可能与男人有关。如在我国中原地带秋千所从传入的山戎，秋千本是供人练习身手敏捷、攀缘本领的军事用具，其主角自然当是男性。但是在后世，女子确实成为秋千场上的主角。

秋千细腰女，摇曳逐风斜。（白居易《和春深二十首》）

风烟放荡花披猖，秋千女儿飞短墙。（李山甫《寒食二首》）

秋千打困解罗裙，指点醍醐酒一尊。

见客入来和笑走，手搓梅子映中门。（韩偓《偶见》）

满街杨柳绿丝烟，画出清明二月天。

好是隔帘花树动，女郎撩乱送秋千。（韦庄《丙辰年鄜州遇寒食城外醉吟七言五首》）

一声笑语谁家女，秋千映、红粉墙西。（赵孟坚《花心动》）

柳下笙歌庭院，花间姊妹秋千。（晏几道《破阵子》）

柳院秋千

〔清〕焦秉贞《仕女图册》

伍　人隔垂杨听笑声——荡秋千

在这些信手拈来的唐诗宋词中，总是女子与秋千相伴。女子与秋千成了诗词中的固定意象。

女子秋千入诗，首先是因为女子爱秋千。

女子爱秋千，爱那种随着秋千起伏自由飞扬、微醉微晕的感觉。或站或坐在画板之上，推送之下，秋千荡起，身子就如同长了翅膀，飘飘然飞起来，忽上忽下，忽前忽后，天空和地面随着晃动而旋转，有点儿紧张，有点儿害怕，有点儿头晕，有点儿目眩，有点儿恍恍惚惚不知所在。于是干脆抓紧绳索，闭上眼，摒弃眼前俗物；扬起头，任微风轻拂面颊；抛却一切重压烦恼与愁思，只醉心于享受飞翔晕眩的感觉。

女子爱秋千，是爱在秋千上做梦的自己。是谁说过"秋千是女人做梦的地方"？说这话的人必定是个酷爱秋千的女子，她必定曾经在秋千的荡荡悠悠中想象过心目中的白马王子，憧憬过自己美丽的明天。自然，在秋千上做梦的并不只是这个女子，每个女子都有属于自己的梦，每个女子都会喜欢在飘忽不定的秋千上思想着飘忽不定的未来或者已然逝去的青春韶华……

女子爱秋千，因为它是在狭仄的精神空间中飞舞的浪漫。过去，女子是被局限于家庭中的，她的世界被一面面围墙隔断，通过高高荡向天空的秋千，她才可以把眼光越过那一面面围墙，看见外面更宽广的世界，哪怕只是它的一角。

女子秋千入诗，其次是因为男子爱秋千上的女子。

秋千上的女子给了男子无限美的享受。青春靓丽的女子衣带飞舞，恰似玉树临风，她们张开双臂拥抱春天，那是何等的飘逸和洒脱！又或者她们因荡向高处见到不曾见过的风景而兴奋地欢叫，抑或因荡向高处而紧张胆怯地惊呼，又是怎样的生动和活泼！更何况秋千荡起时正值杂花生树、杨柳依依、生机盎然、情丝勃发的清明季节？对有着雍容闲情的男子来讲，秋千上的女子实在是赏心而又悦目。

秋千上的女子给了男子巨大的想象空间。当秋千架在庭院深处，一堵厚厚的墙将女子与男人隔开。秋千上女子的欢声笑语却透过墙壁钻进男人的耳朵，秋千上女子忽高忽低的身姿不时越过墙壁左右着男人的视线。他想象着她的面容，想象着她的娇媚，甚至有可能摇荡心旌，想入非非。

女子爱秋千，男子爱秋千上的女子，因而有一幕幕饶有情趣的故事发生。有一幕是关于宋朝大文豪苏东坡的。苏东坡写过一首脍炙人口的《蝶恋花》，描绘的就是他被墙内的风景所吸引，里面有一些欢乐，也有一些惆怅：

花褪残红青杏小。燕子飞时，绿水人家绕。枝上柳绵吹又少。天涯何处无芳草。

墙里秋千墙外道。墙外行人，墙里佳人笑。笑渐

〔明〕仇英《汉宫春晓图（局部）》

不闻声渐悄。多情却被无情恼。

　　他也许是无意之间走到了一个庭院的院墙底下，无意之间看到了墙内的姑娘们无忧无虑地荡着秋千玩耍，秋千忽然飘起，掠过墙头，忽地落下，被墙遮住，但她们天真烂漫、清脆悦耳的笑声像一串串铃声不绝于耳。东坡先生也不知看了有多久，直到姑娘们的欢声笑语渐渐远去。东坡先生也不知想了些什么，

当姑娘们欢声笑语远去时他竟然懊恼不已。

苏东坡的故事刚开始就结束，多少让人觉得意犹未尽。不过，这种遗憾古人已经为我们弥补。凌濛初《初刻拍案惊奇》卷九《宣徽院仕女秋千会　清安寺夫妇笑啼缘》，就记载了一个因被秋千女吸引而发生的完整故事：

> 元朝大德年间，有个宣徽院使叫字罗，"生自相门，

伍　人隔垂杨听笑声——荡秋千

穷极富贵。第宅宏丽，莫与为比"。他家后面有一所花园，叫作杏园。每年春天，"宣徽诸妹诸女，邀院判、经历两家宅眷，于园中设秋千之戏，盛陈饮宴，欢笑竟日。各家亦隔一日设宴还答。自二月末至清明后方罢，谓之'秋千会'"。有个叫拜住的，是枢密院同佥帖木儿不花的公子，骑马从花园墙外走过。"只闻得墙内笑声，在马上欠身一望，正见墙内秋千竞蹴，欢哄方浓。遥望诸女，都是绝色。拜住勒住了马，潜身在柳荫中恣意偷觑，不觉多时。那管门的老园公听见墙外有马铃响，走出来看，只见这一个骑马郎君呆呆地对墙里觑着。"拜住知道被人发觉后，恐怕不雅，就扬鞭离去了。回家后，他对母亲说及此事，盛赞宣徽家的女儿长得漂亮。他母亲就央媒婆前去说媒。经过一番测试，宣徽对拜住非常满意，便允了亲，并令拜住拜见了岳母，与未婚妻速哥失里相见，速哥失里正是秋千会上最漂亮的女子。谁知好事多磨，祸福多变，不久后，拜住父死母亡，家道败落。速哥失里又被许配给别个富贵之家。眼看佳期来临，男家来娶，速哥失里大哭一场，勉强上轿，于轿中偷解缠脚纱带，缢颈而亡。宣徽家只得将她隆重入殓，将棺木暂寄在清安寺。再说拜住闻得此变，知道速哥失里为己而死，就去寺中哭她一番。不料想，速哥失里竟然起死回生。二人便结为夫妻，走到上都，过起了恩恩爱爱的日子。再后来，二人与宣徽相认，上演了一幕阖家团圆的喜剧。

拜住与速哥失里的故事结束了，关于秋千的故事还会继续。哪一个女子会拒绝垂柳绿杨中秋千的飞舞与荡漾？哪一个男子又能拒绝秋千上女子的悠然与灵动呢？

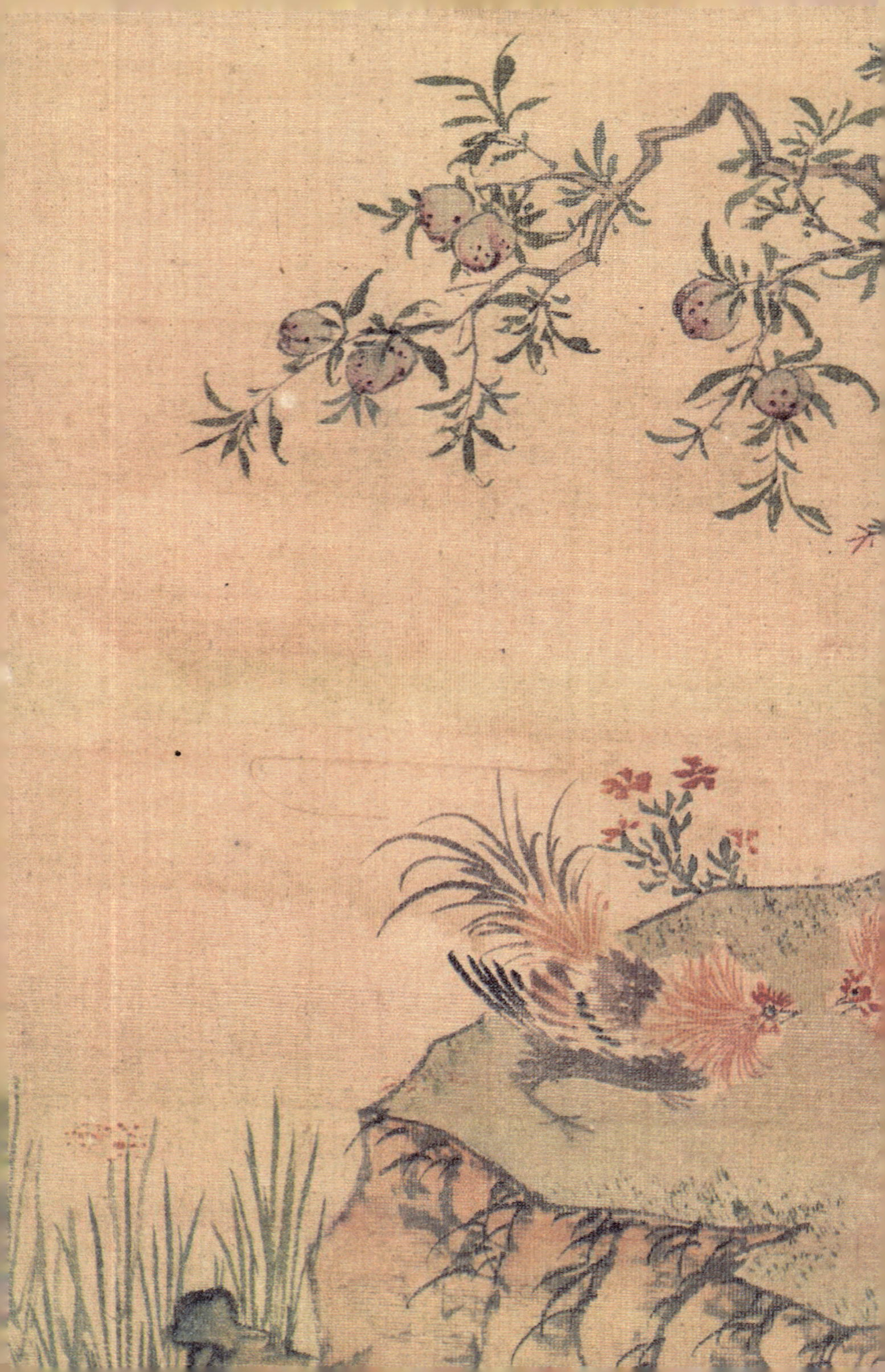

陆

剑心一动碎花冠——斗鸡

（巨鸡、美鸡）于是各张武勇，且前且后，两两相持，每费余刻。巨鸡或逞雄一下，美鸡自分不能当，即承来势，从匿巨鸡胯下，避其冲甚巧。巨鸡一时不知美鸡置身何所，美鸡从巨鸡尾后腾起，乘其不意亦得一加于巨鸡。巨鸡才一受毒，便怒张扑来。美鸡巧不及避，乃大受荼毒。（袁宏道《山居斗鸡记》）

大凡读过明代作家袁宏道《山居斗鸡记》的人，一定不会忘记上面这段精彩的文字。它鲜活地描绘出大小悬殊的两只鸡激烈争斗的戏剧性场面，令人忍俊不禁。当然，这仅仅是在两只鸡之间自发展开的一场争斗，有人旁观，却没人安排。于是这次争斗就颇不同于我们这里要说的"斗鸡"。不过，它也自有其意义，一则向我们展示了斗鸡的有趣，二则让我们了解了鸡好斗的习性，可以说，正是这一习性令鸡至少在两千五百年以前就开始被人作为娱乐的工具。

第一次见于记载的斗鸡活动发生在春秋时期的鲁国。据《左传》记载，昭公二十五年（前517），"季郈之鸡斗，季氏介其鸡，郈氏为之金距，平子怒"。这次斗鸡活动后来演变成一场后果十分严重的政治事件[1]。

另一则关于斗鸡的早期记载出现于《庄子》一书：

> 纪渻子为王养斗鸡。十日而问："鸡已乎？"曰："未也，方虚骄而恃气。"十日又问。曰："未也，犹应向景。"十日又问。曰："未也，犹疾视而盛气。"十日又问，曰："几矣。鸡虽有鸣者，已无变矣。"望之似木鸡矣。其德全矣。异鸡无敢应者，反走矣。

故事的大意是，纪渻子为周宣王（这则故事也出现在《列子》一书中，《列子》明言王乃周宣王）养斗鸡。10天后，宣王

---

[1] 季氏（或称季孙氏）是鲁桓公的后裔，是一支非常强大的宗族，他和同为鲁桓公后裔的仲孙氏、叔孙氏一起，组成了鲁国历史上的"三桓"，在当时鲁国政坛上居于显赫地位。郈氏是鲁国早期国君孝公的后裔。这次斗鸡事件就发生在他们二者之间。据《淮南子》记载，这次斗鸡事件及其后来发展是这样的：季氏在自己的鸡身上撒了芥末，而郈氏为自己的鸡爪装上了金属假距（金属套）。结果季氏的鸡没有获胜，季平子大光其火，于是袭击了郈氏的宫殿。郈昭伯非常生气，就对鲁昭公说了些不利于郈氏的话。鲁昭公遂派郈昭伯率兵攻打季氏，结果，三桓联合起来，郈昭伯不胜而死，鲁昭公则逃到了齐国。对此，《淮南子》的作者感慨万千，发出如下议论："故祸之所从生者，始于鸡足；及其大也，至于亡社稷。"

问有没有训练好。纪渻子说:"还没有。它一看见别的鸡就跃跃欲试。"过了10天,宣王又问。纪渻子说:"还不行。和原来差不多。"又过了10天,宣王又问,纪渻子说:"还不行。心神还相当活跃,火气还没有消退。"再过了10天,宣王又问。纪渻子说:"现在差不多了。即使别的鸡叫,它也能毫无反应,看起来像木鸡一样,这样就训练到家了。别的鸡一看见它,准会转身逃跑,斗也不敢斗。"这则故事以告诉人们如何修养以达到宁静沉着的境界而闻名。有个成语叫"呆若木鸡",即出自此处。不过,有意思的是,本来比喻精神内敛修养到家不畏不惧的"呆若木鸡",现在竟然用来形容人因恐惧或惊讶而发愣的样子,语言的变化竟是这般惊人。

话说回来,无论是季郈之鸡斗,还是纪渻子之训鸡,应该说都不是我国斗鸡史的发端,因为无论是为斗鸡装备芥末、假距,还是对斗鸡着意训练并能总结出40天可以令其呆若木鸡的经验,都必然要出现在斗鸡活动开始之后。但我们从这里可以看出的是,至少在春秋战国时期,斗鸡已经成为贵族们热衷的一种消遣方式。

事实上,这一时期热衷于斗鸡的并非只有贵族。那个曾经锥刺股的苏秦就提到过战国时期的齐国都城临淄"甚富而实,其民无不吹竽、鼓瑟、击筑、弹琴、斗鸡、走狗、六博、蹋鞠者"。苏秦说这样的话不免夸张,但也能大致反映齐人(不仅仅是齐

〔宋〕佚名《秋葵双鸡》

国贵族）爱好包括斗鸡在内的各种娱乐活动。

或许是因为"芥羽张金距，连战何缤纷"的斗鸡比赛能够给人带来无穷的乐趣，所以它得以代代相传。与此同时，关于这项活动的记载虽然称不上汗牛充栋，却也是荦荦可观。据《西京杂记》载，汉高祖刘邦的父亲就是位斗鸡迷。刘邦建汉以后，他在长安当了太上皇却并不快乐，刘邦就问个中原因，答"以平生所好皆屠贩少年，沽酒卖饼，斗鸡蹴鞠，以此为欢。今皆无此，故以不乐"。原来太上皇留恋老家丰沛的日常生活，忘不了那里的"屠贩少年，沽酒卖饼，斗鸡蹴鞠"。拥有无上权力的刘邦就设置了个"新丰"，将原丰县的人迁移来居住，太上皇这才高兴起来。其实汉代的多位皇帝，如武帝、宣帝、成帝等都爱好斗鸡活动。《汉书》载宣帝"亦喜游侠，斗鸡走马"。

魏晋南北朝时期，斗鸡之戏仍然普遍，"斗鸡东郊道，走马长楸间"，是当时不少男儿的作为。创作于那个时代的一些文学作品也展示了当时斗鸡的状况。如曹植、刘桢、应玚、刘孝威、徐陵、庾信的同名诗作《斗鸡》诗，都状描了以斗鸡为戏的激烈场面，让人颇有身临其境之感。其中刘桢的诗全篇都在拟写鸡的形状与争斗：

丹鸡被华采，双距如锋芒。
愿一扬炎威，会战此中唐。
利爪探玉除，瞋目含火光。
长翘惊风起，劲翮正敷张。
轻举奋勾喙，电击复还翔。

大约也是在这个时期，原来并没有固定举行时间的斗鸡活动开始相对固定于春季。萧纲的《斗鸡篇》中有"欢乐良无已，东郊春可游"，褚玠的《斗鸡东郊道》中有"春郊斗鸡侣，捧敌两逢迎"，周弘正的《咏老畋斗鸡》中有"闲观春光满，东郊草色异"，庾信的《斗鸡》中有"狸膏熏斗敌，芥粉壒春场"。所有这些诗句都含有一个"春"字，表明在当时，斗鸡活动更普遍地于春天进行。宗懔在《荆楚岁时记》中更明言斗鸡乃寒食节期间的重要活动，所谓"寒食，挑菜，斗鸡"。

宗懔记录的寒食斗鸡风俗依旧在唐朝人那里延续。无论是韦承庆的"莺啼正隐叶，鸡斗始开笼"，卢纶的"斗鸡沙鸟异，禁火岸花然"，皮日休的"击鞠王孙如锦地，斗鸡公子似花衣"，还是李山甫的"绣袍驰马拾遗翠，锦袖斗鸡喧广场"，花蕊夫人的"寒食清明小殿旁，彩楼双夹斗鸡场"，都表明斗鸡乃寒食清明期间的重要民俗活动，而许多诗人也都曾目睹或者参与其中。

唐朝无疑是斗鸡活动乃至斗鸡者的黄金时代。当时流行一首《神鸡童谣》，说道：

> 生儿不用识文字，斗鸡走马胜读书。
> 贾家小儿年十三，富贵荣华代不如。
> 能令金距期胜负，白罗绣衫随软舆。
> 父死长安千里外，差夫治道挽丧车。

童谣自然是充满了讽刺意味,要表达的也是对"斗鸡走马胜读书"现实的强烈不满,但贾家小儿受到的优待恰恰反映了斗鸡者的飞黄腾达和斗鸡活动的炫极一时。这个贾家小儿,就是陈鸿(中唐时人)《东城老父传》的传主贾昌。

《东城老父传》写的是贾昌和他眼中玄宗统治时期的辉煌。虽然有学者认为《东城老父传》是篇虚构的故事,但因为它作于中唐时代,我们仍然可以由此了解唐代斗鸡的盛况。

玄宗在藩邸时,乐民间清明节斗鸡戏。及即位,治鸡坊于两宫间,索长安雄鸡,金毫铁距,高冠昂尾千数,养于鸡坊。选六军小儿五百人,使驯扰教饲。上之好之,民风尤甚。诸王世家、外戚家、贵主家、侯家,倾币破产市鸡,以偿鸡直。都中男女以弄鸡为事;贫者弄假鸡。帝出游,见昌弄木鸡于云龙门道旁,召入为鸡坊小儿,衣食右龙武军。三尺童子入鸡群,如押群小。壮者弱者,勇者怯者,水谷之时,疾病之候,悉能知之。举二鸡,鸡畏而驯,使令如人。护鸡坊中谒者王承恩言于玄宗。召试殿庭,皆中玄宗意。即日为五百小儿长。加之以忠厚谨密,天子甚爱幸之。金帛之赐,日至其家。

开元十三年,鸡笼三百,从封东岳。父忠死太山

〔元〕赵雍《明皇观鸡图》

下，得子礼奉尸归葬雍州。县官为葬器，丧车乘传洛阳道。十四年三月，衣斗鸡服，会上于温泉。当时天下号为"神鸡童"。

……元会与清明节，率皆在骊山。每至是日，万乐具举，六宫必从。昌冠雕翠金华冠，锦袖绣襦袴，执铎拂，导群鸡，叙立于广场。顾盼如神，指挥风生。树毛振翼，砺吻磨距，抑怒待胜；进退有期，随鞭指低昂，不失昌度。胜负既决，强者前，弱者后，随昌雁行，归于鸡坊。

上引文字所涵盖的内容相当丰富，其中既有对当时斗鸡流行状况的描写，又有对贾昌入宫经历和所受宠遇的叙述，还有对贾昌指挥斗鸡场面的摹画。其实，无论是"都中男女以弄鸡为事"的流行程度，还是"金帛之赐，日至其家"的宠爱有加，无论是贾昌的"顾盼如神，指挥风生"，还是斗鸡的"进退有期""随昌雁行"，都令人惊诧不已，大有观止之感。

唐朝以后，乐此不疲者代有其人。北宋都城汴梁，农历六月二十四日二郎神生日庙会上，就有斗鸡的娱乐活动。南宋都城临安的园林花苑中，专设有斗鸡项目。著名诗人陆游在成都有过"斗鸡南市各分朋"的经历，在南方做官的周去非（生活于12世纪）不仅目睹过斗鸡比赛，而且对斗鸡的选种和培训颇

感兴趣,并在《岭外代答》一书中做了详细记载。其中对两广地区斗鸡活动的大致状况做了如下描写:

> 芥肩金距之技,见于《传》而未之睹也。余还自西广,道番禺,乃得见之。番禺人酷好斗鸡,诸番人尤甚。鸡之产番禺者,特鸷劲善斗。其人饲养,亦甚有法。斗打之际,各有术数,注以黄金,观如堵墙也。

元代斗鸡活动也颇盛行,本章标题"剑心一动碎花冠"出自元朝诗人杨维桢的《斗鸡行》,可以视为元朝斗鸡活动存在的证据。

明朝末年,斗鸡活动继续存在,明末清初文学家张岱就在《陶庵梦忆》中回顾了自己开始热衷斗鸡,到后来终于停止的陈年旧事:

> 天启壬戌间好斗鸡,设斗鸡社于龙山下,仿王勃《斗鸡檄》,檄同社。仲叔秦一生日携古董、书画、文锦、川扇等物与余博,余鸡屡胜之。仲叔忿懑,金其距,介其羽,凡足以助其腷膊谿咮者无遗策。又不胜。人有言徐州武阳侯樊哙子孙,斗鸡雄天下,长颈乌喙,能于高桌上啄粟。仲叔心动,密遣使访之,又不得,

益忿懑。一日，余阅稗史，有言唐玄宗以酉年酉月生，好斗鸡而亡其国。余亦酉年酉月生，遂止。

从这段文字中可见当时专门的斗鸡社之设，且斗鸡带有赌博性质，古董、书画、文锦、川扇均可下注。张岱的斗鸡能够屡屡获胜，当然是训练有素的。但张岱偶然间读了一则野史资料，这则资料将唐玄宗出生于鸡年鸡月与爱好斗鸡及遭受安史之乱相联系，在同样出生于鸡年鸡月的张岱看来，斗鸡将可能对自己产生不利，于是从此不再参与。

斗鸡活动自产生之日起，一直到中华人民共和国成立就不曾间断。只是中华人民共和国成立后的一段时间里，一度遭受取缔。近年来，随着传统民间节会活动的恢复，国内各地斗鸡游艺又见兴盛，人们又可以看到精彩的斗鸡比赛。

值得一提的是，斗鸡活动并不只在中国才长期盛行，事实上它称得上是历史悠久且在全世界范围内都普遍流行的一种游戏。柬埔寨的吴哥窟至今保存着大约一千年前雕刻的斗鸡的场景，印度则被一些学者视为斗鸡活动的起源地。菲律宾人说："没看过斗鸡，就不算到过菲律宾！"泰国人更将斗鸡视为他们的"国技"。法国的斗鸡会被分成不同的级别，比赛结束，胜利者的主人要喂它几滴红酒，它借此可以很快恢复体力……

如果说秋千是属于女子的，那么斗鸡就属于男人。尽管斗鸡比赛也有女人观看,花蕊夫人甚至还将它写入诗篇。

> 寒食清明小殿旁,彩楼双夹斗鸡场。
> 内人对御分明看,先赌红罗被十床。
> (花蕊夫人《宫词》)

男人爱斗鸡,或许就是斗鸡这一活动能够传承普遍与久远的直接原因[1]。

斗鸡是鸡的争斗。两只势均力敌的斗鸡被置入场中,本来就好斗的它们在人的怂恿下变得更加斗志昂扬。于是,搏击开始……笔者没有生花妙笔,难以状描那激烈的场面,好在晋代著名文学家傅玄有过一篇《斗鸡赋》,将斗鸡及其争斗的场面描绘得有色有声:

> 玄羽黝而含曜兮,素毛颖而扬精,红缥侧于微黄兮,翠彩蔚而流青。五色错而成文兮,质光丽而丰盈。

---

[1] 鸡是男人的隐喻。在我国,传统上十分重视阴阳五行之说,女为阴,男为阳,而"鸡为积阳,南方之象",正是男人的象征。且古人以为鸡有五德:"戴冠者,文也;足搏距者,武也;敌在前敢斗者,勇也;得食相告,仁也;守夜不失时,信也。"而文、武、勇、仁、信这五种美好德行,正是一个优秀男人所应具备的品质。

前看如倒，傍视如倾；目象规作，嘴似削成。高膺峭峙，双翅齐平；跃身竦体，怒势横生。爪似炼钢，目如奔星；扬翅因风，抚翮长鸣。猛志横逸，势凌天廷。或踯躅跔蹰，或蹀躞容与；或爬地俯仰，或抚翼未举。或狼顾鸱视，或鸾翔凤舞；或伴背而引敌，或毕命于强御。于是纷纭翕赫，雷合电击；争奋身而相戟兮，竞隼鹜而雕睨。得势者凌九天，失据者沦九地。徒观其战也，则距不虚挂，翮不徒拊，意如饥鹰，势如逸虎。

这是堪称惨烈血腥、充满悲剧意味的真正的战斗，凶猛的喙和尖锐的爪是进攻和防备的武器。它们腾挪跳跃、短兵相接，啄着踢着咬着抓着，互不相让，被鲜血染红的羽毛杂着尘土四处飞扬……不在血泊中站起就在血泊中死亡。

这样恶狠狠、血淋淋的斗鸡场面总是男人特意安排的表演。也许是从祖先那里继承下来的野性让他们乐意做这样的安排，他们在欣赏动物的野性时可以享受到无比的快感。

但斗鸡活动带给人的感受又并非如此简单。虽然体力不支，虽然遍体鳞伤，但只要站着，鸡就坚守着自己的阵地，若是对手来犯，它必不顾性命地冲上前去……许许多多的观者在两鸡的搏斗中知道了什么叫斗志昂扬，什么叫英勇不屈。那些眼里看着斗鸡带血拼命的男人们，也许心中早已激起宁在搏击中灭亡也绝不屈服的冲天豪气。正如一首描写斗鸡的诗说的那样：

> 斗鸡使懦夫产生勇气，使逃兵变得临死不惧。斗鸡也使人机智多谋，让他们的生活充满生机。

"表面上在那里搏斗的只是公鸡，而实际上却是男人。"这是人类学家克利福德·格尔兹对印度尼西亚巴厘岛上的斗鸡活动进行深入研究后得出的一个认识。这一认识当然并非仅仅适用于巴厘岛。斗鸡分属于不同的斗鸡手，斗鸡比赛显然就是斗鸡手的比赛；而一旦斗鸡带有了赌博性质，围观者也可以下赌注，斗鸡比赛也就成了在不同鸡上下赌注的围观者的比赛。"作为仅限于男人的活动的参加者，巴厘岛的斗鸡者不但赌钱，而且赌他们的自尊、沉着和雄性。"格尔兹对巴厘岛斗鸡者的这个认识同样具有广泛的适用性。

> 据格尔兹的调查，在巴厘岛，斗鸡被养在柳条笼子里，它们被饲以特殊的饮食，还会被施以特殊的手段以激发它们的勇气，洗澡则要用加入草药、花朵和葱头的温热的水。它们的鸡冠被精心地修剪，全身的羽毛经过仔细梳理，它们的腿甚至会得到按摩。入选参加比赛的公鸡要安装距铁，即四五英寸长的锋利钢

〔明〕佚名《鸡图》

刀。两只公鸡被放入赛圈中间，一个钻了洞放进水里的椰子就是比赛的计时器。椰子沉入水中所需要的时间大约是21秒。

如此，我们就可以更容易地理解为什么季郈氏之间的一场斗鸡可以引发那样严重的政治事件，也可以明白秦仲叔千方百计装备斗鸡和他"忿懑""益忿懑"的原因了。

更何况斗鸡的激烈搏击极易令人进入物我两忘、眼里心里唯有斗鸡的痴迷状态。在这种状态中，他们呐喊惊叫，为自己的"鸡"加油助威，那日常积压的郁闷与烦恼由此得以发泄释放……

"闲云潭影日悠悠，物换星移几度秋。"时光的流逝并没有将斗鸡游戏尘封在历史的故纸堆里，它仍然存续在我们的生活当中。因此我们无须完全凭借古人的记载去想象那场面的酷烈。是的，如果愿意，你可以领略两鸡搏杀的精彩，去听观者赌者的呐喊欢呼，去看斗鸡手的兴高采烈或者满脸沮丧。而在身临其境中，或许可以更深地了解斗鸡曾经为清明节做了什么……

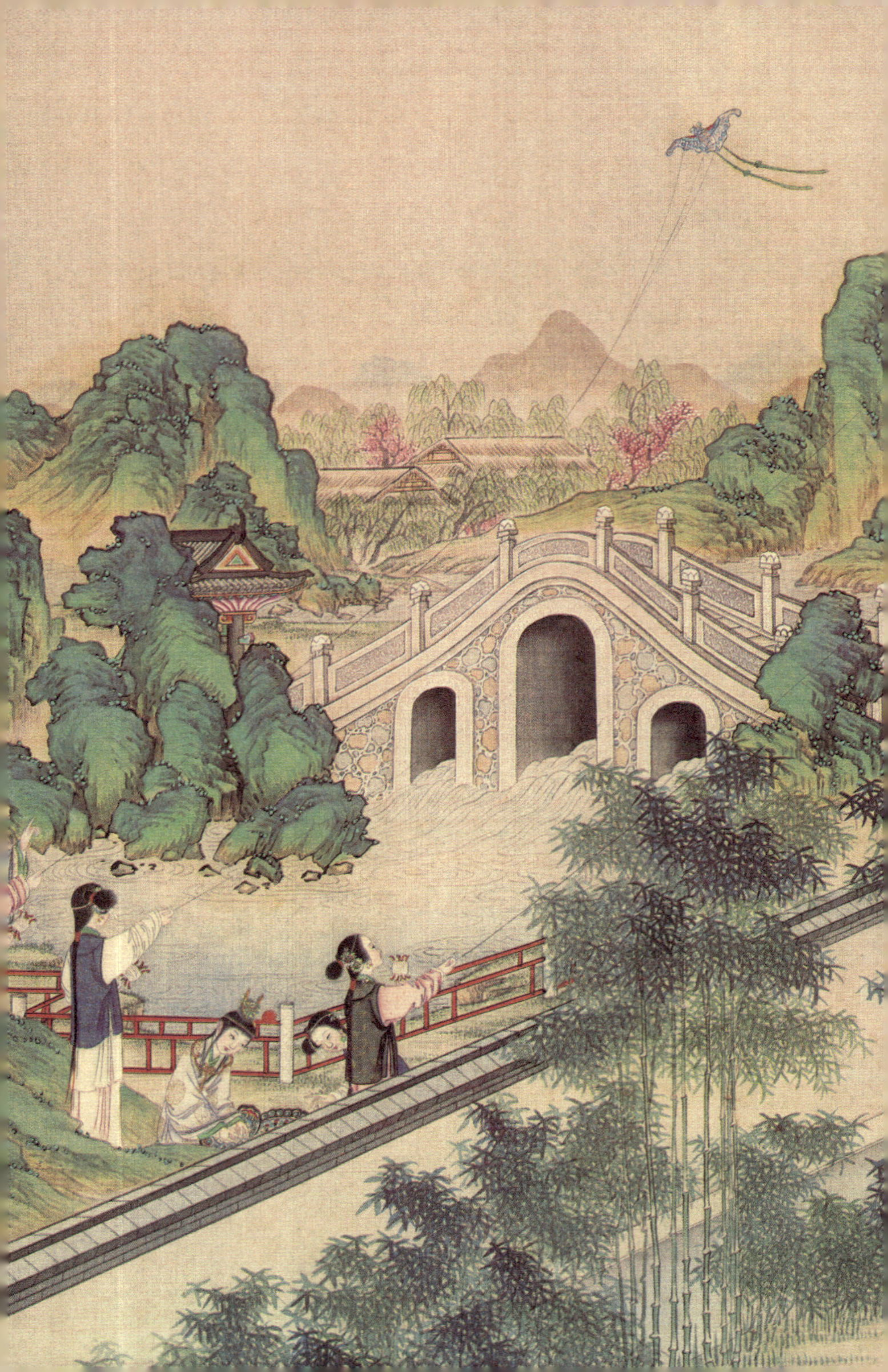

柒 忙趁东风放纸鸢——风筝

终于拣下个晴日子，我们便把它放起来：一个人先用手托着，一个人就牵了线儿，站在远远的地方；说声"放"，那线儿便一紧一松，眼见得凌空起去，渐渐树梢高了；牵线人立即跑起来，极快极快地。风筝愈飞得高了，悠悠然，在高空处翩翩着，我们都快活了，大叫着，在田野拼命地追、奔跑。

　　（贾平凹《风筝》）

风筝的起源

　　风和日丽、杨柳垂丝的清明时节是放飞风筝的季节。

　　五颜六色、各式各样的风筝将春日的天空装点得靓丽而生动。

　　但风筝最早不叫风筝，而叫纸鸢或风鸢。后来也被称作纸鹞、鹞子。

　　探求事物的起源是人类的一种本性，千百年来，许多人都对风筝的起源很感兴趣，发出"贴纸如屏，共道是风筝，始俑谁作"的疑问，并提出了种种看法。

第一种观点认为风筝发端于春秋时期的木鸢，发明者就是我国有史以来最为有名的木匠鲁班，即公输般。据《墨子》一书记载，公输般用竹木削制成一只鹊鸟，能够飞三天。这只木鹊鸟就是风筝的始祖。

第二种观点认为纸鸢肇始于汉初，发明者是大名鼎鼎的韩信。关于韩信使用风筝，又有两种不同说法。第一种说法，如宋代高承《事物纪原》记载，刘邦建汉以后，韩信与叛将陈豨同谋，打算在长安叛乱，于是作"纸鸢"放飞，以测量与未央宫的距离。另一说法是，楚汉相争时，汉将韩信足智多谋，命人制作竹木丝绸的巨型风筝，让一个身轻的人坐在上面，乘着夜风悄悄飞临楚营上空，唱起凄凉婉转的楚歌。楚歌触动了楚军的思乡之情，他们人心涣散，士气低落，汉军乘虚而入，取得了战争的胜利。

第三种观点认为风筝起源于南北朝时期。据《南史》和《资治通鉴》等书记载，南朝梁太清三年（549）侯景叛乱，包围了京都建康（今南京），攻破了外城，皇帝和文武百官都被困于台城之内，与城外援军音讯隔断。有个叫羊车儿的献计做纸鸢以传递消息，并在上面写上"得鸱送援军，赏银百两"的字样。太子萧纲，就是后来的简文帝，在太极殿前趁着西北风将它放飞。可惜的是那纸鸢飞临敌空时，被敌人认为是"厌胜之物",遭受射击落了下来,没有完成"越川泽而空递"的任务。

表面看来,这几种说法各有其道理,但细究起来,鲁班所造的木鸟是一种靠机械装置升空的飞行器,与我们今天所说的风筝不是一回事,难说它们有渊源。韩信使用纸鸢颇有臆造的嫌疑,因为韩信所在的西汉初年尚未发明造纸术,纸尚且没有,如何谈得上用纸制造纸鸢?至于造纸鸢载人,就更加难以置信了。可信的倒是羊车儿、萧纲等人放纸鸢求援军的事。从所放之物被侯景的军队视作"厌胜之术"来看,当时纸鸢还是个新生事物。

那么纸鸢是受何种现象启发而创造的呢?近来有不少学者进行了思考,并做出了许多推测。其中刘敦愿认为弋射[1]给"风筝的创作予以种种启发"。郭伯南认为风筝的直系祖先是测风的鸢旗。徐艺乙认为风筝是受风帆的启示而发明的。于培杰则认为:"木鸢、风帆、弋射、鸢旗等都是风筝的前身,它们对风筝的发明都起了诱发作用,而'草帽飘飞现象'[2]则与风筝有着更切近、更直

1　弋射是一种用带有绳索的箭射鸟的方法。箭名"矰"或"矰矢",绳索名"缴",末端系一石,石名"磻"。当猎者射中飞鸟后,收回缴绳,便可防止鸟类带箭飞逃,或者坠落草丛中无法寻找。

2　这一现象是指农民在田间劳动,偶尔被风吹掉草帽,就急忙抓住系带,草帽便飘飞起来。

接的亲缘关系,在经验的、实践的环节上,二者的原理如出一辙,'草帽飘飞现象'为风筝的创造提供了最现实的依据,因此是风筝的直系祖先。"

这些猜测为认识风筝的直系祖先提供了许多想象的空间,但依笔者的看法,倒是鸢旗的说法更为可信。据《礼记》记载：

前有水则载青旌,前有尘埃则载鸣鸢,前有车骑则载飞鸿,前有士师则载虎皮,前有挚兽则载貔貅。

大意是：在军队前进途中,前面有水就要竖起画着水鸟的旗帜,前面风起尘扬就要竖起画着鸣鸢的旗帜,前面有车马就要竖起画着飞鸿的旗帜,前面有军队就要竖起虎皮旗帜,前面有猛兽就要竖起画着貔貅的旗帜。可见鸢旗是军队中用来报告风情的一种测风旗。在行军过程中,为了让后面的部队更好地看清"风起尘扬"的军情,就要凭借风力将带有鸣鸢图案的旗帜升到高空。所以鸢旗正是风筝的祖先,从这里我们就可以理解为什么风筝最早被称为"鸢",而且总是和战争有关了。大约羊车儿当年提出"以纸为鸦以绳系之"的创意也是受此启发。

到唐代,军中还有用纸鸢传递消息的做法。《新唐书》就记载了这样一件事。

唐德宗年间，田悦等人反叛，兵围临洺。当时守城的是张伾，张伾坚壁拒守，眼看着军粮不多，赏赐不足，便把自己的女儿打扮好，对军士们说："库廪竭矣。愿以此女代赏。"士兵们见此非常感动，"请死战，大破悦军"。但形势依然危险。这时，德宗皇帝下令让河东马燧、河阳李芃与昭义军前去救援张伾。但是三军驻扎在狗、明二山间，迟迟不到。情况万分紧急。张伾就"以纸为风鸢，高百余丈"。纸鸢飞过田悦军营上空时，田悦令箭法高强的人去射，终究没能射下来。历过艰险的纸鸢终于到达马燧的军营。马燧见张伾的信说"三日不解临洺，士且为悦食"，就立刻率部队前去营救，大破田悦兵，斩首万余级。

在唐代，纸鸢不仅仅用于军事战斗，它已成为人们尤其是儿童喜爱的娱乐工具。路德延有一首《小儿诗》，里面提到儿童们非常喜欢的诸种游戏，其中之一就是"添丝放纸鸢"。元稹的《有鸟二十章》中有一章专写纸鸢，饱含了作者的无限感慨：

有鸟有鸟群纸鸢，因风假势童子牵。
去地渐高人眼乱，世人为尔羽毛全。
风吹绳断童子走，余势尚存犹在天。

風箏圖
正德辛未槐杪題
藝門之吉徑岑寂
青藤道人徐渭識

〔明〕徐渭《風箏圖（局部）》

愁尔一朝还到地，落在深泥谁复怜？

这里的纸鸢显然也是种娱乐用具，且是"童子"的玩具。

值得一提的是，在这个时期，"风筝"一词也出现了。比如杜甫的《冬日洛城北谒玄元皇帝庙》中有"风筝吹玉柱，露井冻银床"的句子，元稹的《连昌宫词》也提到"尘埋粉壁旧花钿，乌啄风筝碎珠玉"，而高骈还有一首专门吟咏风筝的诗：

夜静弦声响碧空，宫商信任往来风。
依稀似曲才堪听，又被风吹别调中。

这里的"风筝"并非现代意义上的风筝，而是占风铎，也叫风铎、风马儿，就是我们现在所熟知的风铃。唐时的占风铎，多悬玉制成，风吹玉碰，叮咚作响，仿佛击筝的声音，所以有风筝的称呼。它最初是用来察验风情的。如王仁裕在《开元天宝遗事》中所说：

岐王宫中于竹林内悬碎玉片子，每夜闻玉片子相触之声，即知有风，号为占风铎。

至于纸鸢开始被称为风筝，当是五代时候的事了。据文献记载，后汉隐帝喜欢与一些臣子在宫中放纸鸢，其中有个叫李业的别出心裁，他在鸢首部位装上了竹管，这样，风一吹就发出筝筝然的声音，纸鸢也就有了风筝之名。到宋代，风筝的称呼已十分普遍，高承《事物纪原》在解释纸鸢时就说"俗谓之风筝"。发展到今天，风筝的名称更取得了"唯我独尊"的地位，纸鸢的称呼倒只能从前人的诗词文句中找寻了。

风筝在形制上多有不同，尤其越往后来，越是争奇斗妍。明清时期，在山东潍县，"清明，小儿女作纸鸢、秋千之戏。纸鸢其制不一，于鹤、燕、蝶、蝉种类外，兼作种种人物，无不惟妙惟肖，奇巧百出"。在扬州，"风筝盛于清明，其声在弓，其力在尾；大者方丈，尾长有至二三丈者。式多长方，呼为'板门'；余以螃蟹、蜈蚣、蝴蝶、蜻蜓、'福'字、'寿'字为多。次之陈妙常、僧尼会、老驼少、楚霸王及欢天喜地、天下太平属，巧极人工。晚或系灯于尾，多至连三连五"。人们往往给大风筝配上藤弓或装上葫芦哨，结果在空中发出嗡嗡响声，三五里外都能听到。有些地方的人们黄昏时分放风筝时，还在上面挂个灯笼，遥遥望之，煞是动人。清人张劭的《纸鸢》诗就描绘了这一情景：

众簇春郊放纸鸢，踏破凝笑线牵连。
影驰空碧摇双带，声遏行云鼓一弦。

避雨寻来芳草地，乘风游遍艳阳天。

黄昏人倚楼头看，添个灯笼在天边。

在北京，"风筝摊，即纸鸢也。常行沙燕，一尺以至丈二，折竹结架，作燕飞式，纸糊，绘青蓝色，中安提线三根，大者背着风琴，或太平锣鼓，以索绕篗，顺风放起，昼纸条，夜系红灯，儿童仰首递逐，以泄内之积热，盖有所取意也。三尺之上，花样各别：哪吒、刘海、哼哈二将、两人闹戏、蜈蚣、鲇鱼、蝴蝶、蜻蜓、三羊开泰、七鹊登枝之类。其最奇者，雕与鹰式，一根提线，翱翔空中，遥睹之，逼真也"。各式各样的风筝一起飞在湛蓝的天空，该是怎样一道亮丽的风景啊！

风筝与寒食清明的渊源

杨柳青，放风筝。

作为一项游艺活动，放风筝一般都在杨柳返青的春天，尤其是在寒食清明节期间。唐代已然如此。比如某年寒食日，有点惆怅有点失落的罗隐一大早就看到了在高空中飞翔的纸鸢，他在《寒食日早出城东》中写道：

〔北宋〕佚名《杨柳溪堂图》

> 青门欲曙天，车马已喧阗。
>
> 禁柳疏风雨，墙花拆露鲜。
>
> 向谁夸丽景，只是叹流年。
>
> 不得高飞便，回头望纸鸢。

风筝并非仅在清明节时放，如在江苏、江西、湖南、广东、福建、台湾、海南等地，重阳节放风筝是比较流行的儿童游戏。在广东海丰，儿童多放风筝，其中能鸣叫者，叫"响弓鹞"或"响鹞"。又在鹤山，儿童于秋初便开始放风筝，重阳节这天要用火烧断风筝线，任其随风而去，谓之"流鹤"，俗信如此可以祛除疾病。江西南城放风筝不仅仅限于重阳节前后，自中秋至重九期间，少年儿童总是争奇斗胜，放飞各式各样的风筝。这里不仅在白天，还有在夜间放飞的风筝，人们把小灯悬挂在高高飘荡的风筝线上，遥望灿若繁星。或者在灯前灯后悬挂爆竹，不时轰然炸响，东西相应，更是别有风味。在福建漳州，童子作风筝放于野，方言谓之"放公灾"。在台湾地区，多有放风筝之俗。1957—1960年刻本《台南县志》记载了当地"放风吹"或"放风槎"，即放风筝的盛况：

> 除登山邀游之外，旷场上有大放风槎之壮举，因为时属深秋，具有天高气爽，风和日丽等优异条件。

风槎的种类众多,如高放空中,宛如五花十色花絮,高高低低布满了蓝碧的苍穹,呈现一幅美丽景观。因各有佩挂风弓,时时鸣着清脆的声音,响彻空间,令人赏心悦耳,不觉唤起佳节的情绪。自古就有"斗筝"之习,各佩带锐利的荫钱,在空中曾经一场猛烈战斗之后,颇有胜者洋洋得意、败者扫兴而归之慨。

此后,寒食清明期间放风筝成为一种广泛流行的习俗活动。宋代范成大有诗《清明日狸渡道中》云,"洒洒沾巾雨,披披侧帽风……石马立当道,纸鸢鸣半空",即是明证。南宋周密《武林旧事》载都城临安(今杭州)中的富贵人家自元宵节后就争先恐后地进行郊游了,美其名曰"探春"。探春的活动在寒食清明节时最为繁盛。此时西湖断桥之上,常有年轻人竞相放飞风筝,他们让各自的风筝缠绕在一起,以风筝线先断后断定输赢。元代,马臻作有《西湖春日壮游即事》诗,其中一首写道,"豪家游赏占头船,趁得风轻放纸鸢。手拍丝纶争上下,一时回首看青天"。可见春日在西湖边放风筝的习俗依然如旧。当然,元朝时并非只有西湖边才是如此,袁桷[1]就在别处目睹过"纸鸢帖晴空,飞轮走盘线。东风恣昂藏,得意随手

---

1 袁桷(jué),字伯长,号清容居士,元代学官,书院山长,以能文名世。

齐白石《步步升高（局部）》

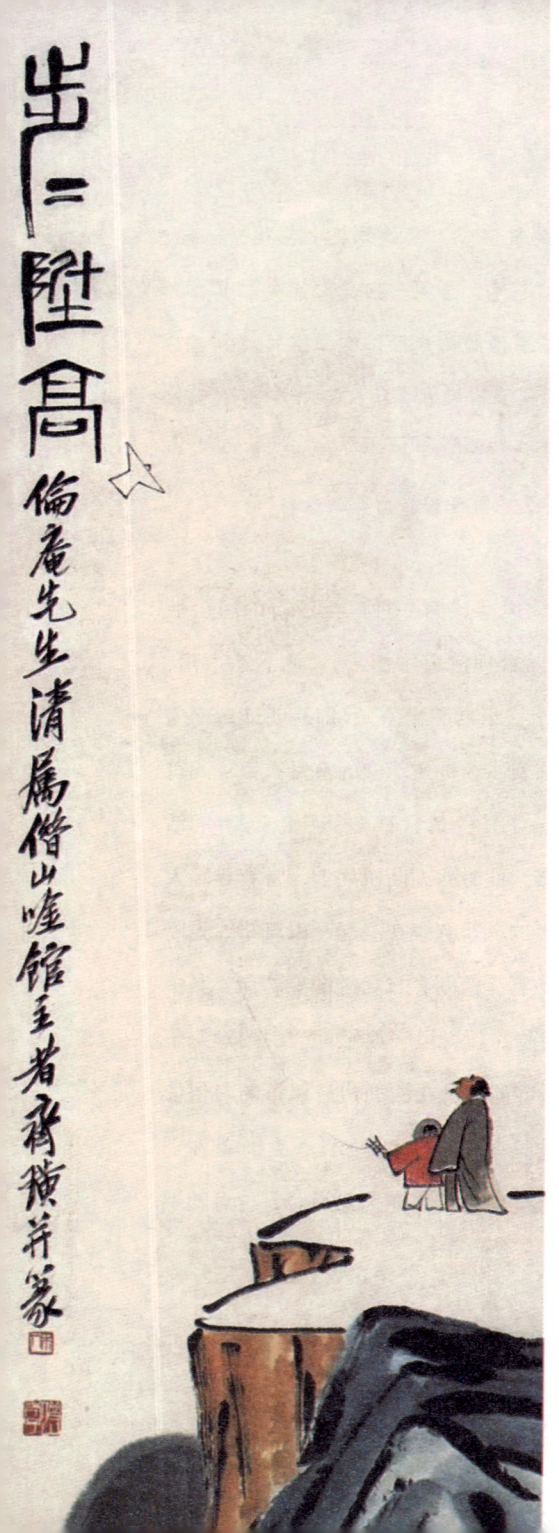

转。攀云政相喜,堕地忽复怨"这般颇具戏剧性的场面。清朝时同样习惯于清明节放风筝,乾隆皇帝作过一首《仲春郊行》,明言"儿童却爱清明节,未破花朝放纸鸢"。黄鼎铭在《望江南百调》中也描绘了清明时节扬州人折柳、踏青、放风筝的场景:"扬州好,胜日爱清明。白袷少年攀柳憩,绣鞋游女踏莎行,处处放风筝。"郭麐在《潍县竹枝词》中描写道:"一百四日小寒食,冶游争上白浪河。纸鸢儿子秋千女,乱比新来春燕子。"郑板桥则用"纸花如雪满天飞"形容潍县春日的风筝之盛。由于放风筝习俗活动的盛行,当地还形成了风筝的交易,所谓"风筝市在东城墙,购选游人来去忙",所谓"铺面不离十字口,接连寒食卖风筝"。

> 据说20世纪40年代,南京曾经上演了一出人人称快的风筝"龙虎斗"。清明时节,大汉奸褚民谊在郊外放蜈蚣风筝,意图显示自己的威风。不料,他的数十米长的大蜈蚣风筝飞荡在空中时,却被痛恨他的市民用绑上刀片的虎头风筝切成了碎片。褚民谊颜面大失,只得灰溜溜地带着手下人回官邸去了。

在放风筝习俗中,尤值一提的是"放晦气"的做法。放晦气,也叫放断鹞,即将风筝线剪断,令其乘风飞去,据说这样可以消灾免难。

大凡读过《红楼梦》的人，想必不会忘记《林黛玉重建桃花社　史湘云偶填柳絮词》一回中对放晦气的精彩描写。话说宝玉正与红楼众钗以柳絮为题比赛填词，只听窗外竹子上一声响，一个大蝴蝶风筝挂在竹梢上。这引起了大家的兴趣，他们纷纷拿出自己的风筝，宝钗的是一连七个大雁的，宝琴的是一个大红蝙蝠，探春的是软翅子大凤凰，黛玉和宝玉的都是美人风筝。

大家都仰面而看，天上这几个风筝都起在半空中去了。

……顽了一回。紫鹃笑道："这一回的劲大，姑娘来放罢！"黛玉听说，用手帕垫着手，顿了一顿，果然风紧力大，接过籰子来，随着风筝的势将籰子一松，只听一阵豁剌剌响，登时籰子线尽。黛玉因让众人来放。众人都笑道："各人都有，你先请罢。"黛玉笑道："这一放虽有趣，只是不忍。"李纨道："放风筝图的是这一乐，所以又说放晦气，你更该多放些，把你这病根儿都带了去就好了。"紫鹃笑道："我们姑娘越发小气了。那一年不放几个子？今忽然又心疼了！姑娘不放，等我放！"说着便向雪雁手中接过一把西洋小银剪子来，齐篦子根下寸丝不留，咯登一声铰断，笑道："这一去，把病根儿可都带了去了！"那风筝飘飘摇摇，只管往后退了去，一时只有鸡蛋大小，展眼只剩了一点黑星，再展眼便不见了。众人皆仰面睃眼说："有趣！有趣！"

这一段描写非常清晰地揭示了人们"放晦气"的目的，而那被放飞的风筝显然已成为"晦气"的代名词，或者说已成为病殃、烦忧的载体。也正因为这一点，被放飞的风筝是不受欢迎的。所以我们看到，在《红楼梦》中，当"一个大蝴蝶风筝挂在竹梢上"，紫鹃要将它收起来时，探春就说道："紫鹃也学小气了。你们一般的也有，这会子拾人走了的，也不怕忌讳？"连黛玉也劝她扔出去："知道是谁放晦气的，快掉出去罢！把咱们的拿出来，咱们也放晦气！"至今在山东曲阜一带，人们仍然忌讳风筝断线后飘落家中，为去凶，会将风筝放在磨盘下压三天。

以放风筝为引子的故事，最著名的应是清代李渔的《风筝误》了：詹烈侯的梅、柳二妾争风吃醋，詹于离家赴任前筑起高墙，两分宅院。清明节，丑公子戚友先将寄居其府的学友、俊公子韩琦仲题了诗的风筝拿到城墙上放飞，风筝断线落入柳氏院中。柳氏鼓动女儿淑娟和诗一首题于其后。戚生书童索回风筝，适逢戚生午睡，即交给韩生。韩生见和诗，猜想必为传闻才貌双全的詹家次女淑娟所题，惊喜思慕，又作风筝，假戚生之名题一首求婚诗，故意使风筝落入詹家院中。但这次却落入梅氏院里，被丑小姐爱娟拾得。乳母为爱娟设计约韩生晚上入府私会。韩生不知有错，欣然前往，发现丑女后狼狈逃窜。戚生之父戚补臣与詹烈侯商定儿女亲事，以为儿子娶爱娟、养子韩生娶淑娟，甚为般配。但两对青年蒙在鼓里，韩生以为将娶丑女极不情愿却无奈从命，丑女以为将嫁美男沾沾自喜，戚生以为将娶美女乐不可支，只有淑娟认为将嫁题诗才郎却也不知其中曲折。后来误会全消，四人各得其所。

人们为什么习惯在春天尤其是寒食清明时节放风筝呢？原因自然是多方面的。其一，大约应归因于春天尤其寒食清明节期间多户外活动，这为放风筝提供了最好的时机。无论扫墓还是踏青等习俗活动，都需要人们走出家门，走到空旷的野外。那么借扫墓、踏青之机在野外放风筝，就成为顺理成章的事情。

其二，大约也与这个时节的"风"更适宜于放风筝有关。

正如早已有人明确指出的那样，"春之风自下而升上，夏之风横行于空中。即纸鸢以观之，春则能起，交夏则不能起矣"。

其三，也是最重要的，在于人们逐渐意识到这一活动对愉悦身心具有重要作用。放飞风筝，牵一线而动全身，放线收线，前俯后仰，时跑时行，有动有静，是一项综合性的健身活动。现代医学已经证明放风筝有益于强身健体。而关于这一点，早在宋代就已有人指出了。李石在他的《续博物志》中说道："今之纸鸢，引丝而上，令儿张口望视，以泄内热。"清代富察敦崇在《燕京岁时记》中也有"儿童放风筝于空中，能益智明目"的记载。近些年来，国外已经开办不少风筝疗养院，通过不同运动量的放风筝运动来治疗神经衰弱、抑郁症、视力减退、小儿智障等病症。不仅如此，寒食清明时节，沐浴着春日的阳光，在如茵的草地之上放飞风筝以舒展筋骨，奔跑欢叫，什么忧愁，什么烦恼，都一股脑儿随风筝飞向天空去了。

东风袅袅，吹送纸鸢高。筝儿轻巧，捷足上云霄。
悠然独步，超出红尘表。

这是风筝的飞翔，这是风筝的舞蹈，那样的飘逸，那样的逍遥。那么你，那么我，也许真的该趁着暖暖的东风，去放飞一只属于自己的风筝……

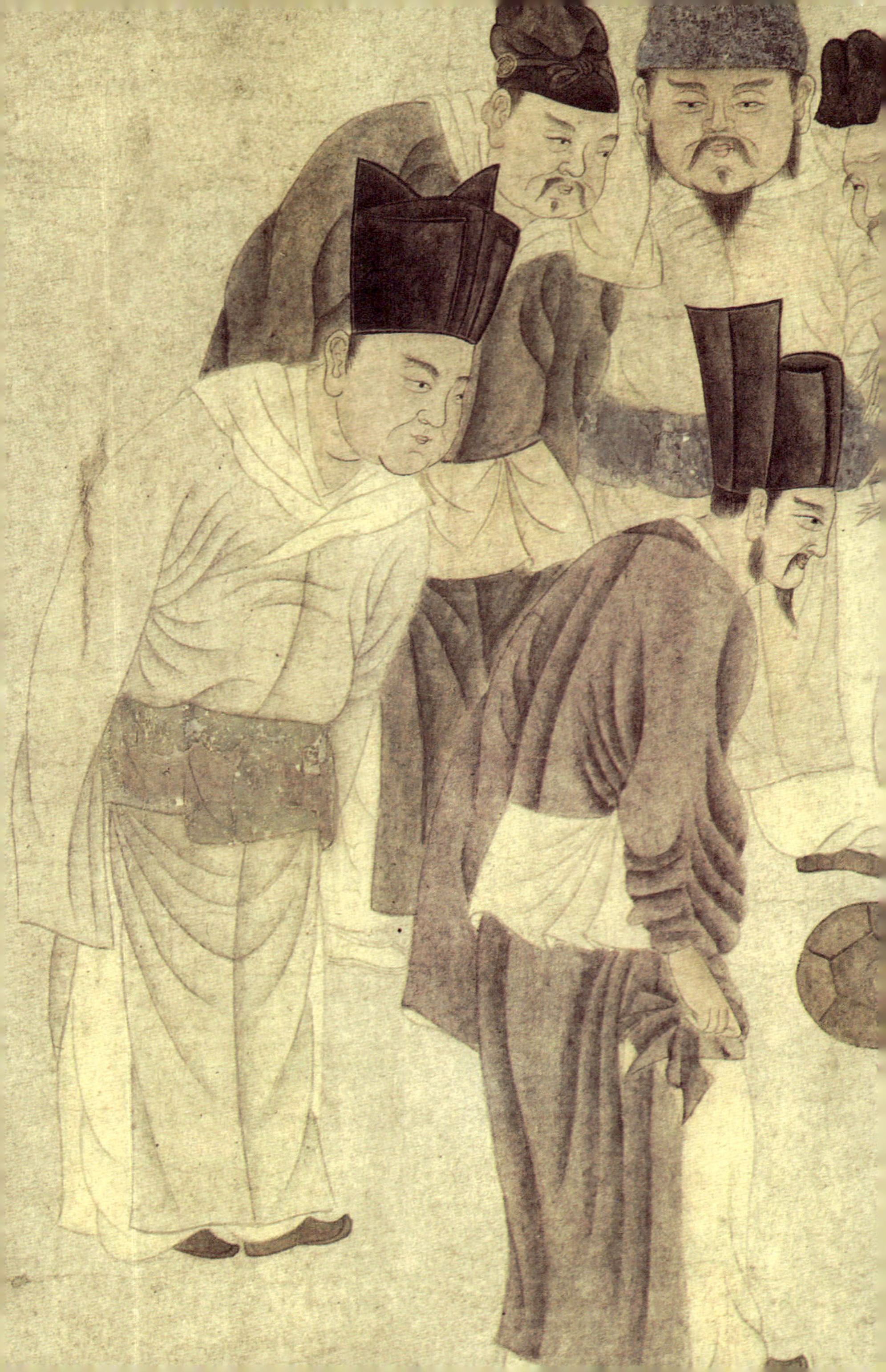

捌 万人同向青霄望——清明蹴鞠

虽然有不少国家都认为自己是足球运动的诞生地，但研究国际足球的历史学家有确切证据表明，足球最早起源于中国——中国古代的蹴鞠就是足球的起源。

2004年2月4日，国际足联副秘书长热罗姆·项帕涅在伦敦举行的新闻发布会上正式宣布足球起源于中国。

对于这个结果，中国人盼望已久，也当之无愧。因为蹴鞠在我国已有着长达数千年的悠久历史。

蹴鞠，也作蹙鞠、踢鞠、蹹鞠、蹴跑、蹴球、筑球、踢圆、圆情等。传说蹴鞠活动是中华民族的始祖黄帝为训练军队而发明的。正如汉人刘向在其《别录》中说：

蹴鞠者，传言黄帝所作，或曰起战国之时。蹹鞠，兵势，所以陈之知武材也，皆因嬉戏而讲习也。

由于黄帝本人就是传说时代的人物，历史上是否真有其人尚在两可之间，蹴鞠是否为他所造自然就更加难以说清了。即便如此，据可靠的文献记载，至少战国时期蹴鞠就已经出现，且它已和吹竽、斗鸡、走狗、弹琴、六博等一起，成为齐国都城临淄老百姓的休闲娱乐活动。

汉朝时，喜欢蹴鞠的就大有人在，桓宽在著名的《盐铁论》中列举了当时的奢侈淫逸、游手好闲之风，其中一条便是"康庄驰逐，穷巷蹋鞠"，由此可见蹴鞠的风行程度。尤其引人注目的是，这时候，女子们也加入蹴鞠的行列中来。河南南阳出土的《乐舞百戏》画像石上，一高髻长袖的女子正在舞乐伴奏下两脚各踢一鞠，姿态优美。类似的画面还见于河南登封启母阙画像石上。蹴鞠女身姿婀娜、长袖舒展、活泼可爱，有极强的韵律感。

在汉代，蹴鞠并非只是一项娱乐活动，这一方面是因为它的起源即与"兵势"有着密切关系，一方面是这一活动确实具有"因嬉戏而讲习"的作用。"军士羽林无事，使得蹋鞠"，汉代军队中一直保持着以蹴鞠提高士兵作战素质和技能、强化士兵攻守意识的做法。

当时的蹴鞠主要有两种形式，一种是非对抗性的，以表现个人技巧为主；一种是多人参加的对抗性竞赛。前者活动方便，不受场地的限制；后者多在专门的球场（称作鞠城、掬域或鞠室）里进行，且具有一定的比赛规则。东汉人李尤写过一篇《鞠城铭》，文章虽短，却大致能够反映当时对抗性蹴鞠比赛的基本

〔清〕丁观鹏《唐明皇击鞠图卷（局部）》

状况：

> 员鞠方墙，放象阴阳。法月衡对，二六相当。建长立平，其列有常。不以亲疏，不有阿私。端心平意，莫怨其非。鞠政犹然，况乎执机。

从中可见汉代人在设计蹴鞠比赛规则时遵循着效法自然的法则，而且对于裁判提出了不徇私情、秉公而断的要求。

大约在南北朝时期，蹴鞠开始比较集中于寒食节期间进行。

至唐代,"寒食(清明)蹴鞠"已成为流行广泛的习俗活动。"十年蹴鞠将雏远,万里秋千习俗同"(杜甫《清明》),"云间影过秋千女,地上声喧蹴鞠儿"(曹松《钟陵寒食日与同年裴颜李先辈郑校书郊外闲游》),"时也广场春霁,寒食景妍,交争竞逐,驰突喧阗。或略地以丸走,乍凌空以圆"(仲无颇《气球赋》),诸多诗文,正是这一习俗流行的最好反映。

　　唐代"寒食(清明)蹴鞠"的盛行客观上促进了蹴鞠的发展,当时,不仅鞠的制作有了改进,蹴鞠的方式也有较大变化。早期的鞠是以皮革制作的实心球,所谓"以皮为之,实以物,蹴踢之以为戏也"。唐代的鞠则是具有球皮和球胆的气球了。据初唐徐坚《初学记》载："鞠即球字，今激鞠曰球戏。古用毛纠结为之，今用皮。以胞为里，嘘气闭而蹴之。"由于鞠的制作方法发生巨大变化，球体变轻，能够踢高，自此以后，人们多以踢高为能事。唐代有个叫张芬的女子，常常在福感寺蹴鞠，"高及半塔"，被时人称赞为"曲艺过人"。正因为球总是被踢往高处，才会出现"万人同向青霄望，鼓笛声中度彩球"的盛大场面。

在蹴鞠形式上，唐代也有了一些新变。当时的蹴鞠主要分有球门的和没有球门的两种形式。没有球门的蹴鞠俗称"白打"。白打原是两人对踢，后来发展为三人角踢，四人、五人直至十人的轮踢，但仍称为白打。从简单的几个动作到"脚头十万踢，解数百千般"，蹴鞠技巧在唐人的普遍参与中大大提高了。带球门的比赛叫"蹴球"。马端临《文献通考》中记载了蹴球的规则："植两修竹，高数丈，络网于上，为门以度球，球工分左右朋，以角胜负否。"球门设在场地中央，在两根高高的竹竿上结网为门，根据两队射门次数的多寡来判断胜负。

宋代计有功《唐诗纪事》中记载，归氏子弟因皮日休的"皮"姓作诗嘲笑："八片尖皮砌作球，火中燂了水中揉。一包闲气如常在，惹踢招拳卒未休。"这首略带恶意的诗作恰恰反映了唐代球的构造。

到了宋元时期，鞠的制造工艺又有提高，球壳用香皮十二片"密砌缝成，不露线角"，而且要"碎凑十分圆"。与此同时，寒食清明蹴鞠的习俗也传承了下来。每逢节日来临，蹴鞠的，观看蹴鞠的人何止万千？！无论是孟元老《东京梦华录》中的"触处则蹴鞠疏狂……于是相继清明节矣"，还是周密《武林旧事》中的"蒋苑使有小圃……立标竿射垛，及秋千、梭门、斗鸡、蹴鞠诸戏事，以娱游客"；无论是万俟咏的"寒食近，蹴鞠秋千，又是无限游人"（《恋芳春慢·寒食前近》），还是李时勉的"斗残蹴鞠忽归去，还向高堂纵歌舞"（《清明》），无一不是这种习俗存在的明证。而我国最多产的诗人陆游一生中写过多首与蹴鞠有关的诗，诸如"蹴鞠墙东一市哗，秋千楼外两旗斜""寒食梁州十万家，秋千蹴鞠尚豪华"等，都写出了当时蹴鞠活动的流行和普及。不仅如此，当时的民间还出现了称作"齐云社"或"圆社"的足球组织。参加球社的人，一定要遵守社规，如不许做"人步拐、退步踏；人步肩、退步背"等危险动作。这些组织曾经产生过一定影响，当时流传着"若论风流，无过圆社""人都道齐云一社，三锦独争先""天边自结齐云社，一簇彩云飞便停"诸如此类的话和诗，里面都含着时人对球社的称誉。

〔南宋〕马远《蹴鞠图》

宋代城市中有专供市民娱乐的场所，叫瓦舍、瓦市。瓦舍中有各种说唱艺术杂技表演，蹴鞠便是其中的一项。据《武林旧事》记载，当时著名的蹴鞠艺人有黄如意、范老儿、小孙、张明、蔡润五人。

由于时人对蹴鞠这项运动的喜爱，甚至出现了因球技好而本人得到赏赐、提拔的事件，颇有点儿像唐代斗鸡小儿的命运。所以时人说："莫道齐云无好处，金门曾受帝王宣。"宋朝有个叫柳三复的，即是因球技高超而获青睐的人物。话说柳三复考中进士后想见宰相丁谓，但苦于没有理由。有次丁谓在后园蹴球，柳知道后就去了。待丁谓的球踢出园外，柳三复"即挟取"，把球送回来，丁谓知道了这回事，要见见柳三复。柳便怀揣自己的文章，头顶着球进了门来。见了丁谓先拜三拜，然后从怀中取出诗文呈上，又拜了两拜。每弯身拜时，那球就转到背臂间，等他直起身时那球又跑到了头上。丁谓见此"大奇之，留为门下客"。

明清以后，蹴鞠活动就渐渐衰落了。尽管在明代的文学作品中还能看到踢球的影踪，比如《金瓶梅》中就有一段对西门庆在丽春院看妓女李桂姐踢球的描写，《聊斋志异·汪士秀》是一篇因踢球而父子团圆的故事，但这在蹴鞠的历史上显然已是强弩之末。

汪士秀是庐州人（今安徽合肥），父子都善于踢球。父亲四十多岁时，在钱塘江中溺死。汪士秀南游洞庭湖，夜泊湖畔，思念父亲之死，不能入睡。忽见湖水中出来三人，铺一张大席在水面，饮酒作乐。又两人为侍者，其中的老头汪士秀看着像自己的父亲。"二漏将残，忽一人曰：'趁此明月，宜一击球为乐。'即见僮汲水中取一圆出，大可盈抱，中如水银满贮，表里通明。坐者尽起。黄衣人呼叟共蹴之。蹴起丈余，光摇摇射人眼。俄而訇然远起，飞堕舟中。汪（士秀）技痒，极力踏去，觉异常轻软。踏猛似破，腾寻丈，中有漏光下射如虹，蚩然疾落。又如经天之彗直投水中，滚滚作沸泡声而灭。"不料汪士秀将球踢破惹恼了那三人，要置汪士秀于死地。结果经过一番搏斗，在父亲的帮助下汪士秀终于转危为安。原来那三人都是鱼精。他父亲溺水被鱼精拯救留作仆役，踢的球则是用鱼膘做成的。

恰像鞠球被踢起在空中画了一道美丽的弧线后迅速落下，蹴鞠活动在前秦时期兴起，经历了汉唐宋元的辉煌之后，最终在清代走向衰落。伴随着蹴鞠活动的衰落，清明蹴鞠也走上消亡之路。所幸的是，伴随着蹴鞠被公认为足球运动的前身，伴随着国人对于文化遗产的日渐重视，近几年来，蹴鞠活动又在一定程度上得到恢复。

正在恢复的蹴鞠运动到底能走多远，笔者无法确知。但是，无论如何我们不应忘记，作为一种习俗活动，寒食清明蹴鞠曾经给多少人带去了兴奋与欢乐。

寒食清明蹴鞠不分城市乡村，市民乡民都能在参与和观赏中体验到这一活动的魅力。在"村毬高过索，坟树绿和花"（薛能《寒食有怀》），"乡村年少那知此，处处欢呼蹴鞠场"（陆游《残春》）的描写中，我们仿佛听到了震耳欲聋的锣鼓声、加油声和欢呼声，仿佛看到了蹴鞠场上激烈的争斗，看到了圆圆的彩球流星样凌空飞起以及被双脚演绎出的万般花样，看到了村民们因激动兴奋而泛红的脸庞。至于市民，则更不用说了，连皇帝大臣也多乐此不疲呢。据《宋史·太宗本纪》记载，太平兴国五年（980）的三月戊子日，宋太宗就和亲王、宰相、淮海国王等在大明殿蹴鞠玩耍。

寒食清明蹴鞠不分男女，男子女子都在其中尽显风流。也许一些诗词给人蹴鞠乃男子事的印象，但实际上，女子同样热情洋溢地参与到这一活动中来。王建《宫词》"寒食内人长白打，库中先散与金钱"就是唐代女子蹴鞠的明证。尤值一提的是，巾帼不让须眉，女子的蹴鞠技艺毫不逊色。康骈《剧谈录》记载的一件小事就反映了这一事实：一天，京兆府的官吏王超走过长安城胜业坊北街时，看到几个军士正在蹴鞠，那球没有控制好，朝着路旁槐树下一个衣衫褴褛的少女滚了过去，只见那女子不慌不忙，伸腿将球稳稳接住，一记劲踢，球直飞数丈。

在元代，女子蹴鞠在文人的笔下显得格外优美动人。如郭翼《蹴鞠篇和铁崖》云：

绿云草色光如苔，彩楼红扇相当开，美人凌波蹴月来。蹴月来，不坠地，袖回风，动罗袂。

杨维桢《踢鞠》云：

月牙束鞠红幪首，月门脱落葵花斗。
君看脚底软金莲，细蹴花心寿郎酒。

类似作品的广泛存在反映了元代妇女蹴鞠的兴盛。我们相信那些爱好蹴鞠的女子绝不会放过清明这一充满娱乐色彩的良辰佳节，她们定然会"笑出深闺里"，"斜穿鞠域，相邀同去"，踢它个"眼亲步活转移速，解数般般谁道难"（李昌祺《题美人蹴圆图》）！

〔明〕杜堇《仕女卷（局部）》

　　十二香皮，裁成圆锦，莫非年少堪收。绿杨深处，恣意乐追游。低拂花梢慢下，侵云汉月满当秋。堪观处，偷头十字拐，舞袖拂银钩。

　　肩尖并拐搭，五陵公子，恣意忘忧。几回沈醉，低筑傍高楼。虽不遇文章高贵，分左右，曾对王侯。君知否？闲中第一，占断是风流。

　　这首《满庭芳》，写鞠的构造，写春日蹴鞠的景象，写蹴鞠人的忘忧与忘我，其作者必是个鞠场中人。因为只有场上踢过醉过的人才能发出"闲中第一，占断是风流"的赞叹。

　　多么想，在阳春三月、桃红柳绿的清明时节，也能呼朋唤友，同将彩球高高踢起……

捌　万人同向青霄望——清明蹴鞠

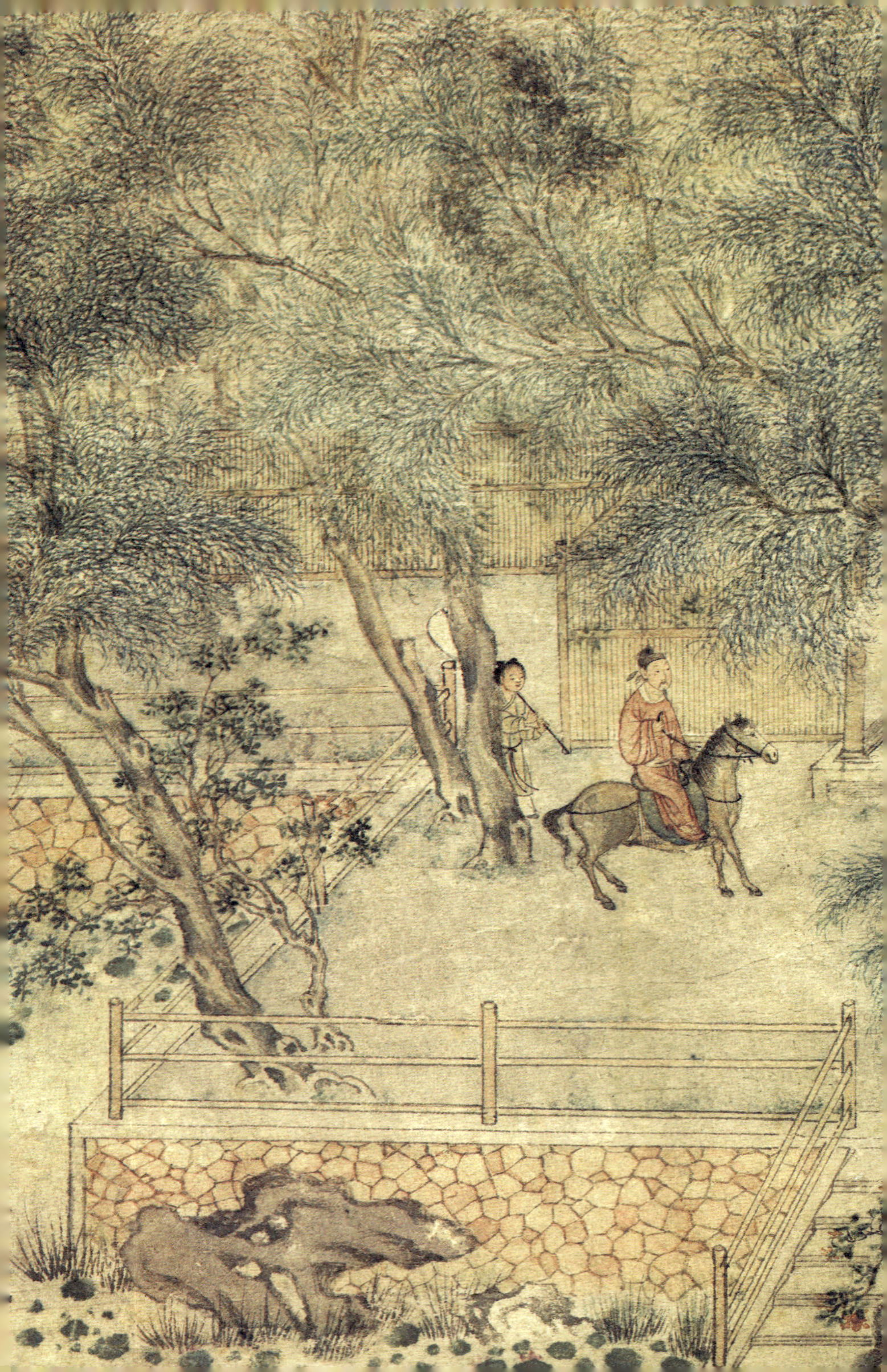

玖

清明不戴柳,红颜成皓首——戴柳与插柳

清明一霎又今朝，听得沿街卖柳条。

相约比邻诸姊妹，一枝斜插绿云翘。

（杨韫华《山塘棹歌》）

清明节。一个女孩，也或许是一个少妇，正在闺中专注地绣着荷包，也可能正在逗弄牙牙学语的孩童，忽然间就听到了门外小贩大声吆喝卖柳条的声音。她兴奋万分，迫不及待地去找邻居家的姊妹们、好朋友，结伴去买。归来时，人人头上都斜插了绿油油的柳枝。可以想象，她们定是互相观赏着、品评着，在柳枝映衬下的笑脸因激动高兴而显得越发楚楚动人了。

杨韫华从一个旁观者的角度通过一个女子的行为描写了清代江苏吴县普遍流行的清明节插柳、戴柳习俗。插柳、戴柳，就是将柳枝插于门户、房檐等处，或者将柳枝、柳絮以及柳枝做成的柳圈、柳球等佩戴于头上或身上。当然，这一习俗并非仅流传于吴地，也并非清朝时才出现。至少在南北朝时期，就已有对于插柳习俗的文献记载。而唐代以后，寒食清明节插柳戴柳就成为我国绝大多数地区民众的常见做法，以至于清明节还有"插柳节"的别称。

清明戴柳的起源

据北魏贾思勰《齐民要术》记载："正月旦,取杨柳枝著户上,百鬼不入家。"可见当时已有正月初一插柳的习俗。再如隋朝杜公瞻注宗懔《荆楚岁时记》"正月十五日,作豆糜,加油膏其上,以祠门户"时也说:"今州里风俗,望日祠门户。其法:先以杨枝插于左右门上,随杨枝所指,乃以酒脯饮食及豆粥糕糜插箸而祭之。"考虑到古人常常杨柳不分家,这里的杨枝其实也就是柳枝。由此可见唐代以前流传着插柳的习俗当不是某些学人的主观臆想。只是插柳的活动主要集中于正月进行而非清明节期间。这种情况在唐代有所变化。《景龙文馆记》记载说唐中宗曾在三月三日赐给侍臣细柳圈,据说戴上可以避免瘟疫和蝎子一类毒虫的危害。

但是总体上看,唐代以前关于戴柳的记载较少,这也许反映了此时插柳的做法并不普遍。宋代以降,关于插柳戴柳的记载明显多了起来,而且从记载来看,寒食清明插柳戴柳已经蔚然成俗。如《东京梦华录》"清明节"条记载:

> 寻常京师以冬至后一百五日为大寒食,前一日谓

之"炊熟",用面造枣餇飞燕,柳条串之,插于门楣,谓之"子推燕"。

张炎在其《庆春宫词序》中也说:

都下寒食,游人甚盛,水边花外,多丽环集,各以柳圈袯禊而去。

周密《武林旧事》载:

清明前三日为寒食节,都城人家,皆插柳满檐,虽小坊幽曲,亦青青可爱,大家则加枣餇于柳上,然多取之湖堤。有诗云:"莫把青青都折尽,明朝更有出城人。"

明代时候,插柳戴柳之风仍然盛行,刘侗、于奕正就在《帝京景物略·春场》中对清明踏青时人们簪柳的行为做了记载。而潘荣陛在《帝京岁时纪胜》中所作"清明日摘新柳佩带"的描述,表明清代插柳习俗的继续存在。从丁世良、赵放先生主编的《中国地方志民俗资料汇编》所辑录的资料来看,除新疆、青海、西藏没有这方面的记载外,其余的省、自治区、直辖市都存在插柳、戴柳之俗。

〔明〕戴进《柳塘图》

20世纪中叶以来，插柳戴柳之俗也走向衰落。不过，习俗的消失是很难在一时间完成的，今天我们仍然能够在不少地方的清明节看到"檐下插柳青青可爱"的动人情景。

由于清明节插柳戴柳之俗流传极其广泛，受地域的影响，便形成了多种多样的做法。插柳之俗的通常做法是折取柳枝插于自家的大门上；其次是插于屋檐，如福建建瓯一带，家家户户门前都要插柳条，据说是为了纪念五代时"全城众母"练氏夫人保全建瓯免遭屠城惨祸的大恩大德；也有插于寝室、床头、窗户、灶台上的。还有的如江苏、浙江、陕西、湖北以及东北的某些地区要在坟上插柳。又有将柳枝插于瓶中供于佛像神灵之前的。无锡一带的农民还会在门前晒场周围、自家农田的田埂旁插柳，俗信"清明插绿柳，稻麦长过头"。所插柳枝通常不做任何处理，但也有例外，比如在河北万全，就要将柳枝编为小圈，连环七个悬挂在房屋的角落里。山西一带，比较普遍的做法是用面粉捏成各种造型的面塑，俗称"寒燕儿"（也叫"子推燕"），用柳条串起来悬挂在室内。

戴柳的方式也因地因人而有所不同。有的戴在头上，有的挂在项间，也有的佩戴在衣服上。所戴之柳或者是不做任何处理的柳枝、柳叶，或者是柳条编成的柳圈或者捋成的柳球。比如在辽宁，小孩子将嫩柳枝编成柳圈，戴在头上，叫作"柳树狗"。在浙江，青年男女都编好柳枝戴在头上，所谓"今世戴杨柳，下世有娘舅"。在安徽芜湖，清明"清晨，街市叫卖杨柳，家家折一枝绿柳蘸上清水，插上门楣，妇女则结杨柳球，戴在鬓边"。在广西全州，人们就将柳枝插于衣服扣子间。更有趣的是，一些地方不仅人戴柳，动物也要戴柳。乾隆四年（1711）修《祥符县志》就提到当地人们采柳枝"归插屋檐，且佩带焉，下逮犬猫不遗"。

> 满族人在清明这天，通常要在坟墓上插"佛头杆子"，以示后继有人。也有的人将其视为摇钱树，人们通常在清明前两天就到柳树趟子里挑选大拇指粗的柳树枝条，剥去外皮，头上系以长长的彩纸条子，远看就像一棵小花树，即是"佛头杆子"。

插戴柳枝的用途

明晰了清明节插戴柳枝习俗传承的长远与广泛，我们禁不住要问一个为什么。是的，为什么历代的人们会如此热衷于在清明节插戴柳枝呢？或者换句话说，人们希望从这种行为中获得什么呢？只要我们稍微翻一下相关的记载就会发现，民间对插戴柳枝的原因实在有各种各样的解释：

〔清〕金廷标《柳阴童戏图》

纪年华

早在宋代,诗人赵鼎就有"寂寞柴门村落里,也教插柳纪年华"的诗句,反映了时人的一种认识。到了清代,一些地方仍保留着这一解释。比如乾隆二十八年本《东湖县志》就说当地"是日,又戴杨柳于首,并插柳枝于户,谓之纪年华"。

招魂续魄

在辽宁西丰、海城等地,人们认为妇女儿童折取柳枝插头鬟或房檐上,是一种招魂之举。在河南阳武,也说插柳是为介之推招魂。

免虫毒

在浙江浦江,插柳、戴柳叫作"驱香九娘"。在山东微山、临沂、诸城等地,直到今天仍然有将柳条插在床头以避蝎子、蚰蜒等虫害的做法。当地的人们还常常用柳条(有时用松枝)在墙壁处轻轻抽打,边打边念念有词:

一年一个清明节，杨柳单打青帮蝎，白天不准门前过，夜里不准把人蜇。

驱不祥，辟瘟疫

清同治二年本《宣恩县志》载："清明，插柳叶于门，簪柳于首，曰辟毒疫。"湖南沅陵一带，认为插柳叶于门，簪柳于首，可以免蛊毒，辟瘟疫。在河北张北，各家将柳条折下，悬于门前，以为可以驱除不祥。

明目

此说由来已久，《梦粱录》中就已经提到寒食，"家家以柳条插于门上，名曰明眼"。在海南、广东、河北等省的一些地区，明、清、民国时期尚存此说。清道光二十九年本《遂溪县志》就说："清明日折柳枝悬门，并插两鬓，曰明目。"在河北南宫，俗信取柳插门或戴在头上，可令目清不盲。

延年

我国不少地方流传着"清明不戴柳，红颜成皓首""清明不戴柳，死在黄巢手"等谚语，而在江苏盐城，每届清明，儿童就会拍手唱道："胡不踏青，又过清明，胡不戴柳，须臾黄耇。"从这些谚语儿歌来看，人们以为清明戴柳与否，关乎人之衰老、生命的存活与失去，不戴则速老，乃至失去生命。

转生

北京、天津、河北、河南、湖北等省市的一些地方，有"清明不戴柳，死了变个老黄狗""清明不戴柳，死了变猪狗"等民谚，表明人们认为清明节这一天戴柳与否，将与死后的转世有莫大关系。

下世有娘舅

浙江有谚语说："今世戴杨柳，下世有娘舅。"

顺应节气，迎玄鸟

在河北广平，人们以为插柳枝于门，是要顺应节气。在滦州、乐亭，以为插柳是为了迎接玄鸟。清嘉庆十五年本《滦州志》

载当地"男女簪柳,复以面为燕,著于柳枝插户,以迎元鸟"[1]。

杨柳是古代诗人笔下常见的意象,柳意象系统由柳枝、柳絮、柳叶等组成,其自然物理特质适应了古人的思维方式,使其不可避免地成为古人某些特定情感的载体。曾经有学者将古代诗词中杨柳的意象概括为如下十种,即:

> 生意盎然、绿茵荡漾的早春意象,
> 哀婉凄切、恋恋不舍的别离意象,
> 韶华易逝、青春不再的岁月意象,
> 牵肠挂肚、剪理还乱的闲愁意象,
> 魂牵梦绕、独具一格的乡愁意象,
> 风流绮丽、刻骨铭心的爱情意象,
> 窈窕多姿、可爱宜人的美女意象,
> 漂泊无定、以色事人的娼妓意象,
> 无喧无哗、幽静宜人的隐居意象,
> 因风得势、桃李成荫的世人意象。

从上述民间对于插柳戴柳原因的解释来看,民间在清明节插柳戴柳所涉及的意象,主要有两类:生意盎然的早春意象和

---

[1] 元鸟,即玄鸟、燕子。

〔清〕杨晋《画柳塘春牧轴》

玖 清明不戴柳，红颜成皓首——戴柳与插柳

韶华易逝的岁月意象，而这又都与人们的生命乃至"来世"的生命有关。因此，表面上看各地对插戴柳枝原因的解释纷繁多样，但其实质并无多少差别。寻求支持青春长驻、生命长久平安健康的力量，乃是民众在清明节插柳戴柳的根本动机。

问题是，民众为什么会选择柳树来祈求生命的力量？这应该主要归因于柳树的自然特性。一方面，杨柳具有强大的生命力和旺盛的生殖力。俗话说："有心栽花花不发，无心插柳柳成荫。"柳条插土就活，插到哪里，活到哪里，年年插柳，处处成荫。这种特性令古人不由发出"夫木槿杨柳，断殖之更生，倒之亦生，横之亦生，生之易者，莫过斯木"（周密《癸辛杂识续集》）的感叹。先民对柳树旺盛的生命力和强大的繁殖力很羡慕，很崇拜，认为它"含精灵而寄生兮，保休体之丰衍"，并幻想通过与柳的接触将它的繁殖力和生命力转移到人的身上，从而使自己的生殖力、生命力得到强化。另一方面，在众多植物中，杨柳抽丝发芽是较早的，正如曹丕所说，"四气迈而代运兮，去冬节而涉春；彼庶卉之未动，固肇萌而先辰"。这一特点不仅使柳树（包括柳枝、柳叶、柳絮）成为盎然生机的载体，还成为春天（蕴含生机的春天）到来之消息的发布员。

总之，柳的特性使它在人们心目中成了生命的象征。无论插柳屋檐下还是门户上，那青青的颜色确实为清明时仍然略显萧条的生活空间增添了几分春意和生机；无论戴柳颈项间还是

［清］董邦达《柳浪闻莺御题轴》

头发上，那青青的颜色也确实让佩戴者多了几分活泼与生动，因而也显得年轻起来。或许在许多现代人看来，"清明不戴柳，红颜成皓首""清明不戴柳，来世变猪狗"等民谚，不过是让人们遵循习俗的劝语，多少有点吓唬人的味道，甚至被视为无稽之谈，但对于那些认真用自己的行动去实践节俗的人来说，他们的清明节生活真的因为插柳戴柳而多了些情趣，多了些快乐，他们也因此而多了些对美好未来的憧憬。

值得一提的是，除了插柳戴柳外，一些地方还吹柳笛、服柳叶。如在江苏瓜洲，清明日早晨要用清水吞下七个柳叶芽。在上海，人们用柳条将祭余的蒸糕饼团贯穿起来，存放到立夏日，用油煎后给小孩吃，俗信可以不疰夏。在山西忻州，做面燕儿插柳于上，阴干，俗信可治小儿腹泻。在北京、江苏、山东等地也有类似习俗。而在明代宫廷中，还有清明射柳[1]的做法。

清明节期间插柳戴柳之外，还插戴其他种类的植物。比如天津宝坻一带，多戴松枝。在山西万泉，人们戴麦苗和柏树叶。在江苏苏州，人们习惯于在门上插桃树枝。在浙江，各地小孩有头戴柳枝花草的习俗，俗信头戴葱头则聪明、戴豆花能明目、

---

[1] 明周宾所《识小编》载："永乐时禁中有剪柳之戏，即射柳也。"往往在清明端午期间进行。其具体做法是："官人以鹁鸽贮葫芦中，悬之柳上，弯弓射之，矢中葫芦，鸽辄飞出，以飞之高下为胜负。"

戴柳叶有好娘舅、戴黄杨有好爹娘、戴香荠有好兄弟、戴艾叶能消灾。而衢州未婚女子多头戴柳枝和竹箬，认为这样能嫁个好丈夫。在海南，妇女簪石榴花，认为可以避免害眼。有些地方不用柳主要是因为柳不易得，不得不用他物来替代。比如民国二十六年本《来宾县志》明言当地清明日，"折桃枝带叶插门前"。注云："例应插柳，县境少柳，故易以桃。"

其实不管插戴的是什么，它都蕴含着是人们对平安健康生活和美好幸福未来的殷切期待。

玖 清明不戴柳，红颜成皓首——戴柳与插柳

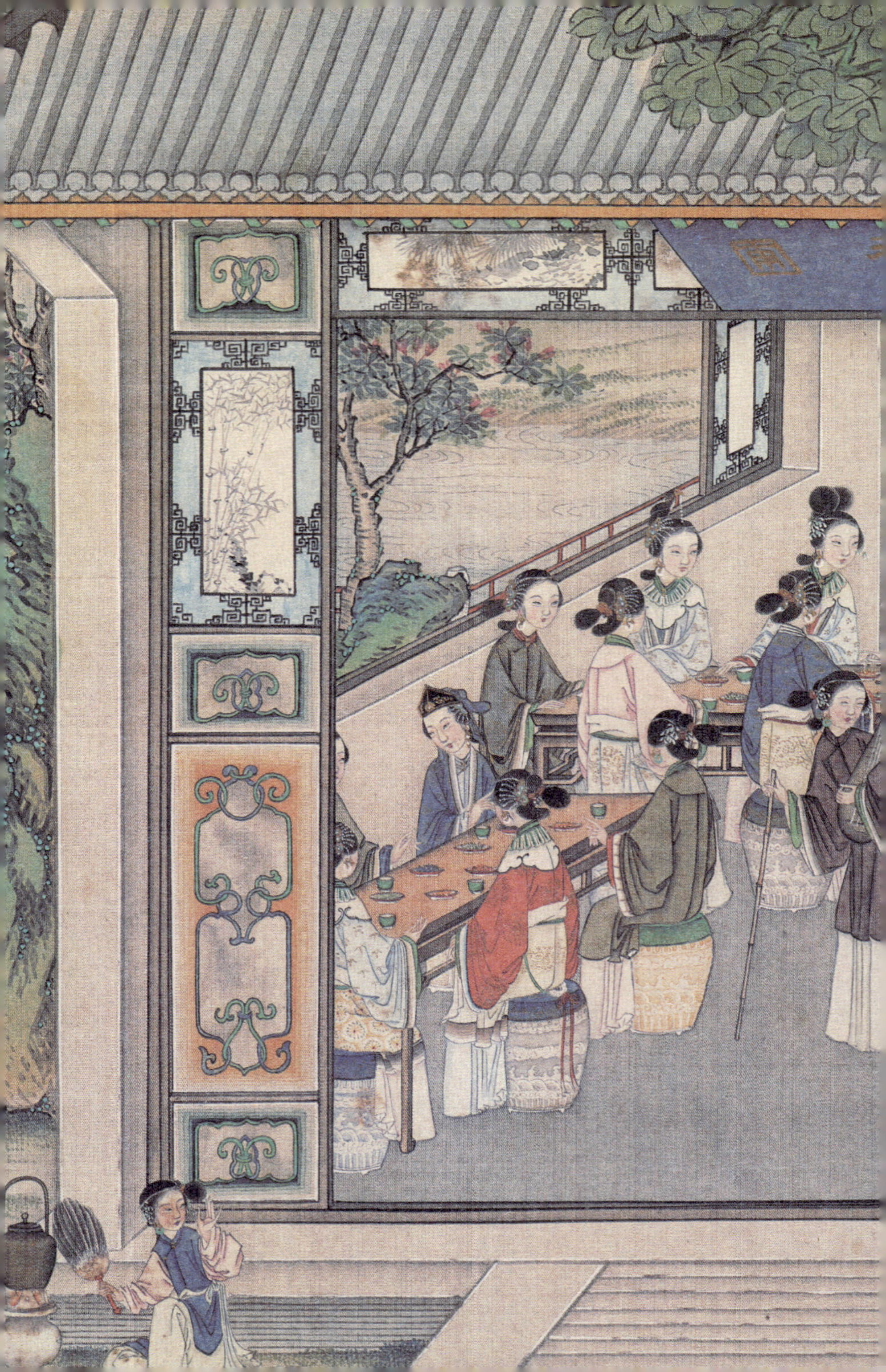

拾

岂无青精饭，使我颜色好——清明食俗

传统节日是起源于天文历法、生产和生活习俗以及重大历史事件，有着相对固定时间、特定主题及活动方式，有众多人自觉自愿、踊跃参加，世代相袭的社会活动日，涉及祭祀、纪念、庆贺、社交、游乐、休整、补养等多方面的内容。节日里，人们总是通过相应的食俗来烘托喜庆气氛，加强亲族联系，调适自身生活，促进身体健康，乃至增强集体记忆，弘扬民族文化和进行教化。这是我国节日文化的一个重要特征。

清明节自然也不例外。

清明常见的食物

受时代变迁的影响，不同时期的清明节饮食习俗并不完全一样。而且，由于我国地域广阔，不同地区拥有不同的地貌、土壤、生物、气候、水文等自然要素，也拥有不同的人口、民族、宗教、聚落、风俗、文化及政治、经济等人文要素，清明食俗表现出明显的地方性特征。各地的人们总是因地制宜、因时制宜、因俗制宜，形成一些富有地方特色的清明食品。当然这并不否认有一些清明食品确实是超越了时空限制的。下面几种就是这样的清明食品。

鸡蛋

清明节吃鸡蛋是传承久远、播布广泛的食俗。在唐代清明节兴起之初，鸡蛋就已经成为节令食品。不仅如此，人们还对鸡蛋加以雕刻或染色，互相赠送。骆宾王有首《镂鸡子》就对这种习俗进行了描写。

> 幸遇清明节，欣逢旧练人。
> 刻花争脸态，写月竞眉新。
> 晕罢空余月，诗成并道春。
> 谁知怀玉者，含响未吟晨。

在很多地方，直到现在，鸡蛋还是清明节的不可缺少之物。东北地区有句民谚，所谓"清明不吃蛋，穷得乱战战"，就反映了当地清明吃鸡蛋的重要性。在鲁西南一带，人们习惯吃用柳枝煮的带血的头生鸡蛋，据说能治好痨病和哮喘病。而在山东微山一带，清明节早晨一定要吃鸡蛋，家中有老人的，还要准备鸭蛋和鹅蛋，一个鹅蛋、两个鸭蛋和七个鸡蛋构成一副，谁要能吃下一副谁就是有福之人。山东滨州至今还保留着南北朝、隋唐时期镂鸡子、染鸡子等古俗。当地一名中学生在《家乡的清明》一文中这样描写了有关鸡蛋的习俗：

> 清明节这一天的早上，母亲们习惯于煮一些鸡蛋给孩子们吃。煮的鸡蛋大都是被染成红色的，有的还被画上娃娃面相，有的笑眯眯，有的泪汪汪，有的怒冲冲，那俏皮样儿令人忍俊不禁。我对于吃鸡蛋实在不感兴趣，只是拿在手里欣赏把玩。母亲就哄我说："不吃怎么行呢？吃了鸡蛋，眼睛才会又大又亮。"于是我不情愿地吃了两个，而且只吃嫩白的蛋清，剩下蛋黄。母亲就又劝导："蛋黄里含有丰富的铁，对身体大有好处，不吃怎么行呢？"于是我又不情愿地吃了一个蛋黄。剩下的熟鸡蛋就装在口袋里，玩够了，尔后送给伙伴。

当地儿童"玩"鸡蛋的方法通常是斗蛋。孩子们将熟鸡蛋拿到街上，找同龄的小伙伴，互相以蛋的尖端用力顶住，谁的鸡蛋破了谁就为输，换一个再斗。大家你推我顶，玩得不亦乐乎。斗蛋的游戏不仅存在于滨州，在济南、德州、济宁一些地方也深受孩子们的欢迎。

春饼

清明节期间食用春饼，是在全国范围内较为流行的一种食俗。东北三省的许多地方，清明节必须吃春饼。因为手擀的春饼像荷叶，故又名"荷叶饼"。"荷叶饼"必须两叶合在一起擀，擀得很薄。从前，小康之家将肉丝炒绿豆芽、葱丝蘸面酱卷在饼内，吃起来又香又软。一般人家则用肥肉或鸡蛋炒豆芽加粉条，还有的人将刚化冻的地里冒出的小根菜挖出来洗净，加上鸡蛋丝或粉条头子烙煎饼馅子吃。

福建建瓯人把春饼卷叫作薄饼。清明前后，市上有专人用面粉打薄饼皮卖。建瓯的春卷馅以笋为主。做时要将鲜嫩白笋切成条丝，并加工使其绵软。另取五香豆干切丝油炸，五花肉切丝爆油拌入笋丝内，加盐、糖、味精、葱头，讲究些的还可加香菇丝、虾肉等，炒匀装碗就成了薄饼馅。食用时另备炒豆芽、葱条、甜酱、辣椒、甜蒜薹等，随各人口味自卷自食，甜脆可口。

台湾地区不少地方，如彰化、南投、嘉义、台南、澎湖等地，也以春饼为不可或缺的应节食物。春饼在当地又称润饼、轮饼。在台南：

> 各家各户是日以面粉搅拌成浆，再以手承之，在平鼎上一抹，即成一轮。俗称"轮饼皮"，质甚软润，

稍干即捡，以此为衣，内盛豆菜或芹菜、土豆□（麸）、皇帝豆、白糖、虾仁、咸豆腐等佐料，然后卷折成品，径约两寸，长近四五寸，即可嚼食，味道津津。俟携提上坟致祭，返家即合发家属嚼食，并分饷邻右尝味。

青精饭

青精饭也叫乌饭、黑糯米饭等，是用青精树叶染色的糯米制成。青精树又叫南烛树、乌饭树、黑饭草等，是一种常绿灌木，高1米至3米，干、叶、根均可入药。现代医学证明，青精树叶有益精气、强筋骨、明目、止泻等功能。

食乌饭的风俗早在唐代就已盛行，杜甫有《赠李白》诗云：

二年客东都，所历厌机巧。
野人对膻腥，蔬食常不饱。
岂无青精饭，使我颜色好。
苦乏大药资，山林迹如扫。
李侯金闺彦，脱身事幽讨。
亦有梁宋游，方期拾瑶草。

陆龟蒙也在《润卿遗青饲饭》中写道：

古时文人聚会宴饮场景
〔北宋〕赵佶《文会图》

拾　岂无青精饭，使我颜色好——清明食俗

旧闻香积金仙食，今见青精玉斧餐。
自笑镜中无骨录，可能飞上紫雪端。

　　据文献记载，当时制青精饭的方法相当讲究，堪称繁复。要"取南烛茎叶捣碎，清汁浸粳米，九浸九蒸九曝"。这样做成的乌饭"米粒紧小，黑如莹珠，袋盛，可以适远方也"，经久不坏，能够长时间食用。唐代以后，食用乌饭的做法继续传承下去，而且制作的经验越来越丰富。明代李时珍在《本草纲目》中引用前人的资料对于古代乌饭的制法有非常详细的记载，指出从四月到八月，叶是新生叶，用之染饭则颜色深；九月到次年三月，叶是老叶，用之染饭则颜色浅。而且指出如果饭的颜色不好，可以洗掉重染。现在乌饭的制作就简易多了，一般是将青精嫩叶捶碎、揉烂，在水中泡大约三个小时，用纱布过滤后，再把淘净的糯米倒进青精汁中浸泡四五个小时，而后将滤水糯米入笼蒸透即成。俗信清明节食乌饭，能够强筋骨，益气力，益肠胃，固精驻颜，在我国浙江、江西、广西的一些地方非常盛行。

　　在一些地方，用来染饭的并不是青精树叶，比如广东长乐一带，人们更多以枫叶染饭。食用乌饭的节日也不仅仅是清明节，在江苏、浙江、安徽、江西、湖北、湖南等地，人们常在四月八日吃乌饭。每年这天，大街小巷卖乌饭的小摊鳞次栉比。

清明粑、清明饭

除了青精饭以外，在我国南方不少地区，还流行用米粉和各种植物叶做糍粑。比如在中国台湾苗栗，人们会取用各种可食用的野生植物，如苎叶、艾草之类，与米粉混合在一起做成饭，或者裹以萝卜丝、肉粒等物，叫作"清明饭"。在广西同正，清明日，妇女多到田间采取嫩白头翁，与糯米和在一起做成糍，认为吃了可以消积。湖北罗田人多在清明节时做软曲粑（也叫细米蒿粑）。将细米蒿去根，洗净，烫一下，揉干，用碓舂烂，同糯米一起揉，包馅，上甑蒸熟即成。广东潮汕一带的人们会采朴籽粿（又叫朴丁树，属榆科）叶，和米舂捣成粉，发酵配糖，用陶模制成朴籽粿。上海的青团亦是类似的节令食品，将雀麦草汁和糯米一起舂合，使青汁和米粉相互融合，然后包上豆沙、枣泥等馅料，用芦叶垫底，放到蒸笼内。蒸熟出笼的青团色泽鲜绿，香气扑鼻。

螺蛳

清明时节，正是采食螺蛳的最佳时令。因这个时节螺蛳还未繁殖，最为丰满肥美，故民间有"清明螺，赛只鹅"之说。螺蛳食法颇多，可与葱、姜、酱油、料酒、白糖同炒；也可煮熟挑出螺肉，拌、醉、糟、炝，无不适宜，真可谓"一味螺蛳千般趣，美味佳酿均不及"了。清明吃螺蛳的习俗主要流行于江南一带。在广西同正，人们到野塘取螺蚌等煮食，认为可以明眼。

除了上述食品外，还有许多颇具地方特色的清明食品。比如在浙江湖州，清明节家家裹粽子，可作上坟的祭品，也可作踏青带的干粮。俗话说："清明粽子稳牢牢。"浙江桐乡河山镇十分重视清明节，有"清明大似年"的说法，清明夜重视全家团圆吃晚餐，饭桌上少不了这样几个传统菜：炒螺蛳、糯米嵌藕、发芽豆、马兰头等。晋南地区，清明节要蒸大馍，中夹核桃、红枣、豆子之类，称为"子福"，取意子孙多福。家家还要做黑豆凉粉食用。晋北地区，习惯生黑豆芽，并用玉米面包黑豆芽馅食用。晋西北地区，人们用黍米磨面做饼，俗称"摊黄儿"。在陕西洛川，每家都备有荞麦凉粉冷食，且蒸有大馍，俗称罐儿。馍四周做成鸟蛇之形，俗谓介之推上绵山时有鸟蛇护之，故以为纪念。馍按家中人数做成，一人一个；馍顶一大盘形；男子盘中做成文具、耕具之类；女子盘中做成剪刀等物。在辽宁桓仁、吉林辉南，家家用麦面做饽饽食用；在辽宁朝阳市家家食面，叫作"过清明"。在吉林磐石，各家吃鸡蛋糕或饺子。又在广西融县，人们用生莴苣叶裹蔬肉嚼食，叫"包生"。

绝大多数清明节令食品都有一个共同的特点，就是可以冷食。清顾禄《清嘉录》记载江苏苏州的清明食俗时说：

今俗用青团，红藕，皆可冷食，犹循禁火遗风。

在浙江黄岩、浦江等地，人们采芜菁和米粉为饼，就称为"寒食"。在山东，即墨吃鸡蛋和冷饽饽，莱阳、招远、长岛吃鸡蛋和冷高粱米饭，泰安吃冷煎饼卷生苦菜。清明时节之所以吃冷食，主要还在于清明节与寒食节的复杂关系。伴随着清明节的兴盛，寒食节的寒（冷）食习俗转移到清明节中了。

食俗中蕴含的祈盼

节日的饮食习俗从来都不是单纯地为了满足口腹之欲，而是有着更多的文化意义，特定的食物以及与特定食物相关的行为总是表露着群体和个体内心深处的欲求、愿望、情感和价值观念。具体到清明节的食物及相关行为，可以看出同样寄托着人们对美好事物和理想境界的追求。

祛病强身、延年益寿

身体健康是每个个体的基本需要，但是人的一生历程中又时刻面临着各种疾病的威胁。面对疾病的威胁，人们既心怀恐惧又积极应对，节日中的饮食常常被赋予强身健体和消除百病的意义。比如浙江一带，男女大小必食海蛳，叫作"挑青"，俗信可以明目。在湖南长沙，人们摘嫩蒿叶、夏枯草、地菜子捣碎和米粉做粑粑吃，俗称"吃青"、吃"艾叶子粑粑"，有"清明吃了青，走路一身轻"之说。又在江苏常州，早晨煎隔年大团子，据说"清明大团子，吃了勿脚痛"。上海旧俗，用柳条将祭祀用过的蒸糕饼团贯穿起来，晾干后存放着，到立夏那天，用油煎过，给小孩吃，据说吃了以后不得疰夏病。在浙江杭州，人们用面粉做成狗的形状，叫作"清明狗"，到立夏日让儿童吃掉，俗话说："吃了清明狗，一年健到头。"又广东潮汕一带清明节习惯蒸朴籽粿。粿品呈浅绿色，味甚甘甜，据说吃了可以解积热，除疾病。又在鲁西南一带，俗信吃七个用柳枝煮的带血的头生鸡蛋，可以治好瘸病和哮喘病。在福建霞浦县，人们用粳米和春菊做春菊糕吃，认为吃了春菊糕，可以消灾祛病。许多地方食用的青精饭，也往往被赋予延年益寿的含义。

祈盼丰收

在我国传统社会中，农业是立国之本，是维持人们生命延续和繁衍的衣食之源。因此，祈盼各种庄稼顺利生长发育获取丰收就一直是人们的普遍意愿。尤其在清明节这个对于农业生产来说具有重大意义的关口，人们更希望通过自己的一些作为

戴胜催耕陌草长
长亮花林下牧牛
场闲供作息
事不鲁弁沈毅
庙前乞山陆台作
癸亥三月

〔明〕陆治《春耕图》

（包括饮食活动）来促成上述意愿的实现。

在浙江湖州，农家有清明吃螺蛳的习惯，这天用针挑出螺蛳肉烹食，叫"挑青"。吃后要将螺蛳壳扔到房顶上，据说屋瓦上发出的滚动声能吓跑老鼠，有利于清明后的养蚕。而在桐乡，重视全家团圆吃晚餐，饭桌上少不了这样几个传统菜：炒螺蛳、糯米嵌藕、发芽豆、马兰头等。其中吃藕是祝愿蚕宝宝吐的丝又长又好。吃炒螺蛳，要把吃剩的螺蛳壳往屋里抛，据说声音能吓跑老鼠，毛毛虫会钻进壳里做巢，不再出来骚扰蚕。鲁西南一带，清明节吃一种叫"多打"的食品。多打用五谷杂粮做皮，萝卜、豆腐等做馅。吃前要先围着打麦场转几圈，边转边说："多打多打，多打粮食多吃啥。多打多打神，多打粮食多添人。"

敦亲睦族、敬终慎远

社会性是人的本质属性，人与人之间的关系，在某种程度上是通过一定的伦理道德规范来加以维持和协调的，而敦亲睦族、敬终慎远可谓我国传统社会中伦理道德规范的一项重要内容。清明节期间，各地普遍开展家庭（或者家族）成员的聚餐活动。山东招远的"房食"、河北高阳的"吃会"、浙江嵊州的"吃清明酒"、福建崇安的"做清明"、陕西绥德的"上坟会"、甘肃灵台的"清明坟头会"、四川渠县的"人伦会"等，都具有敦亲睦族的意义。

清明扫墓
录自《年节习俗考全图》

拾 岂无青精饭，使我颜色好——清明食俗

此外，清明节也是走亲戚互赠节日食品的重要场合。在河北赞皇，节日期间，姻亲馈送女家簪耳，俗名"赘节"。在山西襄陵，人们用面蒸成鱼、蛇形，馈送亲朋好友。在山西荣河，有清明节蒸"子推"的习惯，人们会将子推送给出嫁的女儿。在内蒙古武川，家家制面质寒鸦，互送亲友，当地俗信这种面鸦对治疗泻疾有特殊功效。在浙江汤溪，妇女采苍耳、茵陈苗，与米粉和在一起做成饼饵，叫作清明粿，相互馈遗。在福建连江，家家户户用细艾叶捣匀和米粉为粿，作为亲戚来往的礼品。又在广西灵川，人们除了用甜咸物质为馅做成糯粉团外，还蒸粉肉相互馈遗。

至于各地常常用清明节令食品祭祀祖先，强调节物与祖先的共享，则是敬终慎远意识的体现。比如晋南人过清明时，要蒸一个很大的总"子福"，象征全家团圆幸福。上坟时，将总"子福"献给祖灵，扫墓完毕后全家分食之。在湖北红安，人们用糯米、绿豆制成绿豆粑。清明扫墓时，各家的年长人腋夹雨伞，手捧绿豆粑，绿豆粑上插双筷子，面向东南方，供奉原籍（江西）最早制作绿豆粑的祖先。

除了上面所述，清明节的食品和相关行为还具有诸如终极关怀、追求聪明、祈求生子等意义。比如在镇江，人们吃金刚脐儿（俗称老虎脚爪）和馓子，俗话说："清明不吃脐儿馓子，死了阎王爷要打板子。"就反映了人对身后世界的关怀。在山东博兴，姑娘们会在清明这天野炊做"巧巧饭"，俗信谁吃到扔进锅里的秫秸做的女工用品，谁就心灵手巧，就反映了人们对聪明的向往。在无锡，妇女会吃南瓜以祈子，在鄂东南山区，毛铺邓氏家族清明节祭祖的供品是子孙粑[1]，也叫太公卵，显然被赋予了祈生的意义。

古人云："饮食所以合欢也。"

的确，清明节的饮食活动为人们提供了一个敬神祭祖、宴客娱人并举，敦亲睦族共享天伦之乐的场合，趋吉避凶的心态以及对美好未来的期盼也都体现在饮食之中。也许在清明节，各地的人们享用着不同的食品，有的是鸡蛋，有的是螺蛳，有的是乌饭，有的是春饼，但同样都是在咀嚼人生。试想，这些节日食品被赋予的健康、长寿、丰收、生命延续等意义，虽然朴素无华，难道不是人类最本质的追求吗？

---

1 子孙粑，将精灿米加糯米舂成粉，兑进清甜的山泉水揉和，捏成圆条形三根或九根，每根长四五寸，手指般粗壮，一端用拇指稍许捏扁，并在顶端点一点红，象征尿道口，再做一个直径为一寸多的扁圆粑，一齐上笼蒸熟即成。制作时，忌小孩乱讲话，故一般要支开小孩。清明节祭祖时，用一碗先平放扁圆粑，再在上面放圆条形的粑，如若三根，就顺向并排置于扁圆粑上，如若九根，就垂直交叉叠成三层，每层三根。

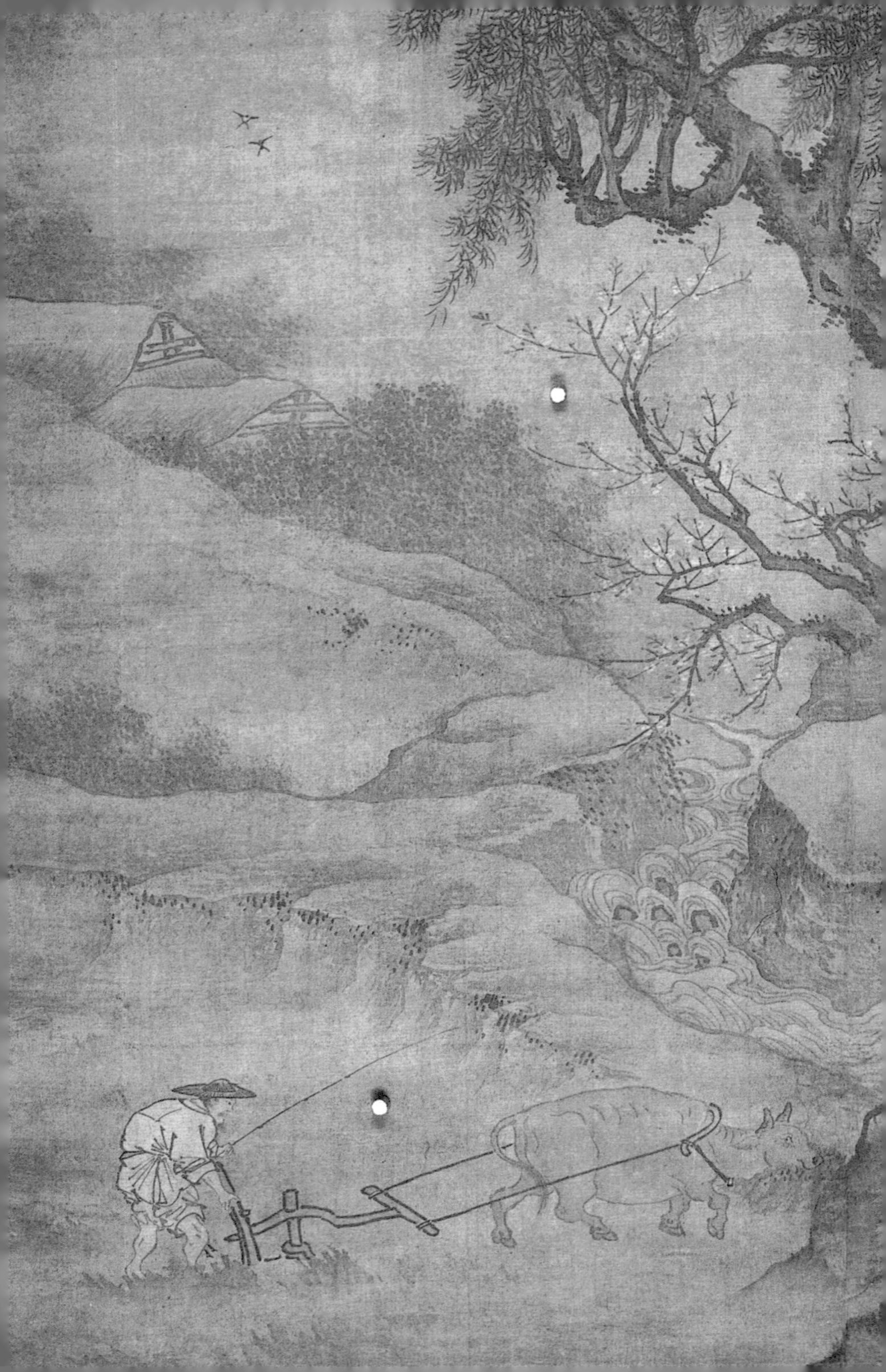

拾壹

布谷声声劝早耕——清明农事忙

农业生产是人类与自然之间相互作用以获取物质资源的活动，狭义的农业是指栽培农作物的生产事业，广义的农业生产还包括林业、牧业、副业和渔业。由于农业生产的各个环节都与季节气候有着密切关系，所以从农作物的播种到收获，各个工作环节都必须顺应农时依次展开。在我国，长期以来，农民主要是依靠二十四节气来掌握农时以保证农事活动顺利进行的，所谓"处人看脾气，种地看节气"。

清明正是二十四节气中的一个。"春分后十五日，斗指乙，则清明风至。"清明一到，气温升高，雨量增多，正是春耕春种、植树造林的大好时节。有一首流行较为普遍的歌谣单道清明与农事的关系：

清明时节天转暖，柳絮纷飞花争妍。
降水较前有增加，一般年份仍干旱，
有的年份连阴雨，寒潮侵袭倒春寒。
地温稳定十三度，抓紧时机播春棉，
看天看地把种下，掌握有急又有缓，

棉花播下锄梦花，提温保墒效果显。

涝洼地里种高粱，不怕后期遭水淹。

瓜菜分期来下种，水稻育秧抢时间。

麦苗追浇紧划锄，查治病虫严把关。

继续造林把苗育，管好果树和桑园，

栽种枣槐还不晚，果树治虫喂桑蚕。

牲畜配种抓火候，畜禽防疫要普遍，

大力提倡种牧草，种植结构变"三元"。

鲤鲫亲鱼强育肥，适时栽种苇藕芡，

捕捞大虾好时机，昼夜不离打鱼船。

家鼠田鼠一齐灭，保苗保粮疾病减。

由于清明节气与农业生产的密切关系，在清明节气基础上发展起来的清明节日里，也就往往有一些与农事相关的习俗活动。

占岁

俗话说："春雨贵如油。"春天的雨水对于农作物的生长具有十分重要的作用，人们常常根据清明节的雨水状况来占卜庄稼的丰收与否。在黑龙江尚志，俗信这天下雨主丰收，所谓：

雨打坟头钱，今岁好丰年。

但更多的地方俗信清明这天下雨不利于庄稼生长。比如在江西萍乡，人们就认为清明多雨损麦，有谚语说：

麦吃四时水，只怕清明连夜雨。

又在福建浦城，也认为清明日宜晴，主丰年，谚云：

清明要明，谷雨要雨。

在陕西宜川、湖北兴宁等地，有类似的谚语，所谓：

清明要晴，谷雨要淋。

在浙江诸暨等地，还有在清明日做粉窝占卜雨水多少的习俗。这天做粉窝十二枚，如果是闰年就做十三枚，一枚代表一个月份。口朝上放在锅中，蒸熟占验，看粉窝中水的有无和多少，如无水则其月无雨，有水则其月有雨，水多则雨多，水少则雨少。

与养蚕相关的习俗活动

我国是最早养蚕的国家,早在《礼记·月令》中,就有关于季春月"具曲植籧筐,后妃齐戒,亲东向躬桑。禁妇女毋观,省妇使,以劝蚕事"的说法。也即到了农历三月份,就要开始准备蚕箔、木架和盛桑叶的筐篮。天子的后妃则举行斋戒,亲自面向东方采摘桑叶,这时候,禁止妇女过分打扮仪容,还要减少她们的杂务,使其能够专心养蚕。贾思勰的《齐民要术》中,已有"三月清明节令,蚕妾治蚕室,涂隙穴"的记载。清明治蚕室,举行一些仪式以帮助蚕顺利生长吐丝,是至今仍在不少养蚕地方流行的风俗习惯。

祭蚕神

蚕神是民间俗信掌管蚕的生长和吐丝、保佑蚕旺茧丰的神灵。蚕神主要有三位,一位是嫘祖,一位是蚕花五神,一位是马头娘。

传说嫘祖是黄帝的正妃,是她教人们养蚕织丝,所以各地蚕祠中多供有嫘祖像。逢年过节,尤其是清明日,蚕农向她祈祷风调雨顺,桑茂茧丰。

蚕花五神,也叫五花蚕神。其形象是三眼六臂,头戴夫子

庚午三月既望天水赵氏文俶并画

〔明〕赵文俶《春蚕食叶图》

盔，上两手高举过头，一手托日，一手托月；中间两手一抓茧，一抓丝；下两手合于腹部，捧一撂蚕茧。

马头娘，又叫蚕花娘娘、蚕姑、蚕丝仙姑、马鸣王菩萨、蚕花菩萨等。晋人干宝《搜神记》中记载了马头娘娘的来历：

> 古时候有父女二人，父亲外出多年未归。家中只有一女和一匹公马。女儿常常思念父亲，一天喂马时，她对马说："你若能把我父亲接回来，我就嫁给你。"没想到，那马真的挣断缰绳，跑出家门，将女子的父亲接回家中。父亲见这匹公马非常通人性，就拿上等食料喂它，但它根本不吃，只是一见到那女子出入，就嘶鸣奋击，异常激动。父亲感到奇怪，经过询问方才知道怎么回事。于是，他将公马射死，并剥下马皮，晒在院子里。一天，父亲外出，女子和邻居女孩在马皮边玩耍。那女子用脚踢着马皮说："你是畜生，还想讨人家做你妻子，如今落了这样的下场。"话音未落，马皮突然从地上跃起，卷走了女子。几天以后，人们在一棵大树的枝叶间发现女子和马皮变成了蚕，她吐丝结成的茧特别厚大。人们便将这树称作桑树，竞相种植，又将树上的蚕取回养育，总是蚕茧丰收。

对于蚕神的祭祀，是古已有之的行为。据唐代成书的《绀珠集》载:"《稽圣集》：蚕女冢在绵竹县，塑女像，被以马皮，谓之马头娘庙。"宋人戴埴撰《鼠璞》也提道："唐《乘异集》载，蜀中寺观多塑女人，披马皮，谓马头娘，以祈蚕……俗谓蚕神为马鸣菩萨以此。"清代沈德潜作过一首诗，"九里松边也种桑，春深一路看蚕忙。听罢湖堤箫鼓沸，小姑又祭马头娘"，描写了杭州一带祭蚕神的景象。

直到今天，清明祭蚕神的习俗还有一定遗留。比如江苏、浙江等地，都有"闹清明"的做法。在江苏，清明，农家祭蚕神，喝天花酒，吃笋、藕、粽子等，期望茧子又白又结实。清明前后各地蚕神祠殿还要办香火会，会期一天或三天不等。办香火会时用豆腐干、猪头、鸭、鱼等供奉马鸣王、嫘祖和蚕花五神，并唱蚕花戏以祭神。会上还交易各种蚕具及生活用品。浙江嘉兴一带，也"闹清明"，叫"划船会"。届时各村出一船，用松毛做棚，鸣锣鼓，在船上做各种表演。其中有人扮成蚕妇模样，占卜桑叶价格的高低以及蚕丝的丰歉。

禳白虎

湖北、浙江等地，俗以白虎为蚕的灾星，所以要禳除白虎。在浙江归安，人们在清明节用面做成"白虎"，晚上将其扔到路上，叫作"送白虎"。读书人则争相抢夺，得之者以为通达之兆。又病蚕俗称"青娘"，清明节食螺蛳，谓之"挑青"，晚上将螺壳撒到屋上，叫作"赶白虎"。

请蚕猫

老鼠吃蚕，故养蚕人家常在蚕房中放置蚕猫以避鼠害。清代郑元庆《湖录》载"或范泥为猫，置筐中以辟鼠，曰蚕猫"，这是泥制的蚕猫。此外还有纸印的蚕猫，可以贴在墙上，或者糊在蚕匾底下。人们"请蚕猫"通常是到清明前后举行的庙会上，因为俗信清明庙会上的蚕猫更灵验，不仅能逼鼠，还能避许多恶气。

轧蚕花

在江苏，赶清明庙会时还有轧蚕花的习俗。无论男女老少，都要在拥挤的人群中挤挤轧轧地走上一回，认为只有这样自家养的蚕才能兴旺。又有女子自己绣一方手帕，俗称"蚕花绢头"，挂在襟头，希望在庙会上被不相识的男子扯去，俗信这样也利于蚕事。

捂蚕种

在江苏无锡，俗信蚕得人气始生。每当清明夜晚，养蚕人家常把蚕种捂在蚕妇怀里，叫"捂蚕种"，捂的时候家中不能生火，也不能遇见猫。

买桑叶

蚕以桑为本。一般的蚕农是根据自家桑叶的多少决定养蚕的规模，但也有一些富户，想多养蚕，便在清明前后到桑多的地方去订桑叶。给的订金叫"定头钱"。也有不给订金的叫"叶点头"。什么时候交叶什么时候付钱，双方都守信誉。

清明茶

我国是茶的故乡，饮茶之风遍及全国。清明茶是清明时节采制的茶叶嫩芽。由于春季气温适中，雨量充沛，因而清明茶色泽绿翠，叶质柔软细嫩；且春茶一般无病虫危害，无须使用农药，茶叶无污染，富含多种维生素和氨基酸；香高味醇，奇特优雅，是一年之中的佳品。

过去一些多种茶树的大户人家，每到清明前后就会雇佣茶工帮助采茶。福建是我国重要的产茶区，到福建的茶工有许多是江西人。有一首流传较普遍的茶歌，以一个女子的口吻唱出了对即将远行的情人的心里话：

清明过了谷雨边，打起包袱走福建。
想起福建真可怜，半碗咸菜半碗盐。
有朝一日回江西，吃碗青菜赛过年。
一头包袱一头伞，打扮情哥走崇安。
采了头春下了山，有钱没钱妹喜欢。

茶工们往往遭受包工头们的残酷剥削，有一首茶歌唱出了茶工们在清明谷雨采茶时的辛苦：

想起崇安无走头，半夜三更爬上楼。
三捆稻草打官铺，一杖杉树作枕头。
想起崇安真可怜，半碗咸菜半碗盐。
茶树角兜赚饭吃，灯火脚兜赚工钱。
清明过了谷雨边，想起崇安真可怜。
日日站在茶树边，三夜没有两夜眠。

在福建顺昌县，清明前后，人们还上山采百草，切碎晒干做

〔明〕仇英《写经换茶图（局部）》

百草茶。又采一种鸟播茶（鸟食茶籽拉粪便于树杈间，又长出茶寄生树，此种茶叶味道与普通茶叶不同），贮藏作为盛夏饮料之用。

饭牛

清明过后，农事开始繁忙，牛的使用也频繁起来。在山东许多地方，有清明饭牛的习俗。如在齐河一带，这天要煮上一

锅小米干饭让牛饱餐一顿，有"打千骂万，清明一饭"的谚语。又临清用小米稀饭、长清等地用菠菜汤、长岛等地用高粱米饭、海阳用玉米面饼子饭牛，有"打一千，骂一万，熬到清明喝稀饭"和"打一千，骂一万，清明节下吃干饭""打一千，骂一万，清明节，管顿饭"等谚语。

拾壹　布谷声声劝早耕——清明农事忙

清明农谚

清明是二十四节气之一,历史上围绕着它形成了不少脍炙人口的农谚。这些农谚音律和谐,形式动人,富有生活气息,或者描述了清明与气候、物候变化的关系,或者根据清明节当天的天气状况对农业的丰歉进行占卜,或者表示清明节与农业生产之间的关系,都在很大程度上有效地指导着农业生产。下面我们将搜集到的一些农谚列举于下:

清明与气候变化

清明断雪,谷雨断霜。
清明断雪不断雪,谷雨断霜不断霜。
过了寒食,还冷十日。
寒食莫欢喜,还有十天半月冷天气。
清明雨渐增,天天好刮风。
清明到,麦苗喝足又吃饱。(意指清明经常下雨)

清明与物候变化

二月清明有花,三月清明无花。

二月清明一片青，三月清明不见青。

二月清明桃花开，三月清明绽不开。

春分后，清明前，满山杏花开不完。

清明江河开，谷雨种麦田。

以清明天气占岁

清明前后一场雨，强如秀才中了举。

雨淋坟头钱，春苗出齐全。

清明有雨春苗壮，小满有雨麦头齐。

清明前后雨纷纷，麦子一定好收成。

清明湿了乌鸦毛，今年麦子水里捞。

清明动南风，今年好收成。

清明与农业生产

二月清明迟下种，三月清明早下泥。

二月清明你莫忙，三月清明早下秧。

二月清明莫在前，三月清明莫在后。

二月清明不上前，三月清明不落后。

二月清明不要慌，三月清明早下秧。

清明一到,农夫起跳。

清明谷雨紧相连,浸种耕田莫迟延。

清明麻,谷雨花,立夏点豆种芝麻。

清明前后,种瓜点豆。

清明早,小满迟,谷雨前后正当时。(指种棉花)

春分早,谷雨迟,清明种棉正当时。

清明种棉早,小满种棉迟,谷雨立夏正当时。

寒食以后断了霜,不种谷子和高粱。

清明栽蒜。

清明浸谷种,勿要问爹娘。

谷雨浸谷种,立夏落稻秧。

清明前后忙落谷。

清明种瓜,船装车拉。

寒食撒花,谷雨种瓜。

清明高粱谷雨花,谷子播种到立夏。

清明高粱谷雨谷,立夏芝麻小满黍。

清明前五天不早,清明后五天不晚。(指种高粱)

大麻种在清明前,叶大皮厚又耐旱。

清明种瓜,立夏开花。

清明种瓜,船装车拉。

祭罢祖,就种瓜。

清明前后怕晚霜，天晴无风要提防。

淋透扫墓人，耩地不用问。

清明有雨麦苗肥，谷雨有雨好种棉。

清明喂个饱，瘦苗能转好。

清明不上粪，越长越短劲。

麦吃两年土，只怕清明饿了肚。

植树造林，莫过清明。

清明忙种麦，谷雨种大田。

季节不等人，清明笋找人。

清明笋斗山，谷雨笋斗长。

  细心的朋友们阅读了上面的农谚，可能会发现一些看似矛盾的农谚，比如"清明断雪，谷雨断霜"与"清明断雪不断雪，谷雨断霜不断霜""春分早，谷雨迟，清明种棉正当时"与"清明种棉早，小满种棉迟，谷雨立夏正当时"等。其实这些看似矛盾的农谚并不矛盾，它们恰恰反映了我国劳动人民对于二十四节气因地制宜的创造性利用。二十四节气原形成于黄河中下游地区，它指导农业生产活动的时间内涵也是以中原地区农业生产为依据的。但是，由于它能反映农事季节、便于掌握农事活动，也逐步在其他地区推广开来。以中国之大，不同地方的气温、降水状况在清明期间是极不相同的。此时，黄河中下游平均气温一般在10℃以上，广东平均气温在20℃左右；有的地方到清明就不再下雪（比如长沙，所谓"清明断雪"），而有的地方到清明可能还会下雪（如陕北一带，所谓"清明断雪不断雪"）。这样，各地的人们在利用二十四节气的过程中就不能生搬硬套，而要根据实际情况灵活掌握与运用，并因此形成反映当地实际物候状况和农业生产的农谚。"春分早，谷雨迟，清明种棉正当时"与"清明种棉早，小满种棉迟，谷雨立夏正当时"反映的正是不同地方种植棉花的不同时机。

　　细心的朋友也可能会发现一些难以理解的农谚，像"二月清明一片青，三月清明不见青""二月清明不要慌，三月清明早下秧"，甚至怀疑它们是不是出了错。其实不然。由于我国传统社会中使用的是阴阳合历，清明节气的日期在每一年并不固定，有时在二月，有时在三月。若清明时在二月，此时便会桃花绽放，百草返青，春意很浓。若清明时在三月，此时通常桃花不会开放。问题是为什么在物候表现上三月的清明反比不上二月的清明更热闹呢？这与立春迟早有关。若是年前立春，春来得就早，气温回升也早；年后立春，春来得迟，气温回升也晚。二月清明春意浓，就是因为节气提前暖得早的缘故。我国劳动人民非常懂得这个道理，所以在种植上采取了相应的办法。"二月清明迟下种，三月清明早下泥""二月清明你莫忙，三月清明早下秧""二月清明莫在前，三月清明莫在后"等农谚，都说的是清明若在二月就不要着急播种，若在三月就要赶紧行动起来。而这些谚语的存在再次反映了我国劳动人民在利用节气时的能动性和灵活性。

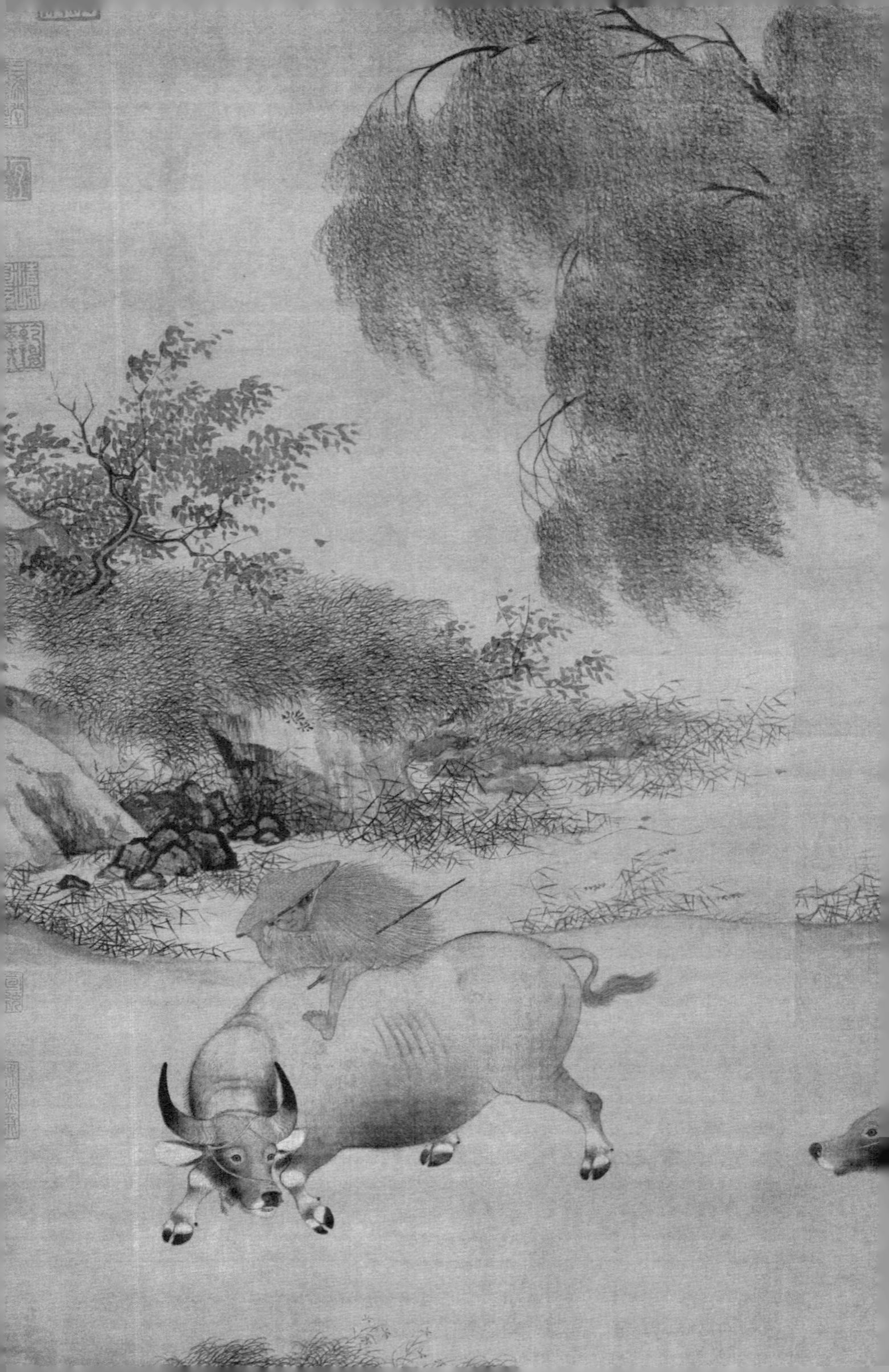

拾貳

清明节——将生死并置

从杨柳依依的那个春日到雨雪霏霏的这个冬日，差不多有半年的时间，我都在为"清明节"忙碌着。我翻拣着有关这个节日的诸多资料，从中探究它起源的原因、流变的过程，考察它节俗的种种。一路写来，我惊讶地发现自己已成为能够超越时空的个体。是的，我看到了唐朝裙裾飞扬的秋千女，看到了宋代飒爽英姿的蹴鞠儿，看到了明朝挤挤挨挨的踏青人群，也看到了清朝络绎不绝的上坟队伍……我甚至走到了他们中间，有时候同他们一起游戏玩耍，一起欢呼呐喊；有时候又同他们一起走进墓地，祭奠缅怀逝去的祖先。更重要的是，在那游戏呐喊里，在那祭奠缅怀中，我仿佛真正理解了清明节活力之所在。要知道，为什么当一个个植根于农耕社会的传统节日在20世纪迅速走向衰落乃至消亡之时，清明节却可以走到现在并将会生机勃勃地走向未来，是我长时间以来一直思考的问题。

近现代以来传统节日的式微已是不言自明的事实。这种情况的出现绝非偶然，它是诸多因素综合作用的结果，社会转型当然是其中重要的一个。社会从传统社会向现代社会、从农业社会向工业社会的转型，必然意味着生发于、成长于、适应于传统社会和农业社会的文化会遭遇前所未有的挑战。此外，历法的变更、西方节日的传入等也有较大的影响。

在传统社会，传统节日是民间的节日，也是官方的节日。虽然在如何过节方面，历朝历代都存在着官民之分、贫富之分、贵贱之分、朝野之分和雅俗之分，但毫无疑问，在这样的节日里，官方代表人物和社会精英同样投入到节俗活动当中去：元正有朝会，意义同民间的拜年；元宵要张灯、赏灯、猜灯谜；寒食清明会祭祖踏青；端午要插艾、吃粽子、饮雄黄酒；重阳节会登高赏菊，等等。他们与百姓共同营造着节日的气氛，共同享受着节日的乐趣，也共同复述和传承着集体记忆。在这里，传统节日的合法性不言而喻。然而近现代以来，这种合法性遭遇了严重挑战。尽管当时的动机多是为了拯救积贫积弱的民族，为了让我们的国家尽早进入世界现代化国家的行列。这种做法对中国历史发展的正向作用也许是应该肯定的，问题是我们引进西方文化的同时常常过分地贬低自己的传统或者说过分地夸大自己民族文化的弱点。把自己的传统文化放在社会进步的对立面上进行批判，将历史留下来的具体文化事象作为封建、迷信、落后、反动的东西大加挞伐。

先是太平天国颁布《天历》，提出六大新节（这些新节或者是西方基督教节日的翻版，或者是太平天国领导人物的生死纪念日），同时明令禁止按旧历过年度岁，并对违犯禁令者施

〔南宋〕马和之《柳溪春舫图》

以惩罚。

接下来的中华民国时期，曾经以同样强硬的姿态对待传统节日及其赖以发生和发展的历法——夏历（农历）。20世纪二三十年代，民国政府一度废止了执政初期订立的阳历下附带农历的编历方法，规定全面采用阳历，不准有农历的任何痕迹；同时将传统节日及节俗活动统统移到国历年节来过。

于是我们看到，当时，传统节日的价值和合法性不仅为官方人物和知识精英所不齿，它们也开始为曾经挚爱它们的活动主体所否定和鄙弃。由此导致的是许多传统节日的一时中断。

民俗活动的传承是环环相扣的链条，许多传统节日传承的中断，不仅意味着许多在中断时期出生成长的孩子丧失了观察、参与传统节日活动的机会，从而丧失了对传统节俗的感情和对传统节日应有的理解，而且意味着当他们长大成人理应承担起传授者责任的时候，他们已经失去了传授的激情和能力。既然如此，传统节日走向衰微也就不再难以理解。

就节假日与传统节日关系而言，中国传统社会历朝历代都有以传统节日为假日的做法，给公务人员、学生等提供从事节俗活动的时间；而近年官方确定的假日体系中，许多传统节日在很长一段时期内都被取消了准入的资格。直至最近，情况才有所改变。如此，即便人们想"正常"地过节也已被抽去了过节的时间。

就历法的变更而言，中国传统社会长期以来使用的是兼顾月亮、太阳运行周期的农历，官方"治历明时，典隆敬授"，民间遵从，是农历的一统天下；但近现代以来，随着公历的引进，过去官方和民间在时间制度方面整合统一的局面被打破，取而代之的是"新旧参用，官民各分"的二元格局。在这种格局中，由于"新的"总是处于更突出、更显眼的位置，"官的"又总是有着更多的机会和更多的权威，"二元"就并非地位平等的二元，而是公历为主、农历为辅的二元。以农历为依托的传统节日自然不能不受这种状况的深刻影响。

再就西方节日文化的影响而言，一些西方节日，如情人节、母亲节等因强势文化的地位以及特有的文化内涵，也对传统节日造成了极大的冲击。

正是在上述种种因素的作用下，诸多传统节日式微了。有些人已经想不起来它还是个节日；有些人虽然知道是节日，却已经不再当作节日来度过；还有一些虽然还作为节日来过，人们却没有了过节的激情。但清明节不同。

清明节拥有存续的活力！这活力不主要来自它作为传统节日所必然拥有的惯性力量，也不主要来自目前方兴未艾的官方与民间保护传统的文化自觉意识，而主要来自清明节的独特气质。

如果说生死问题是人类社会面临的最大问题，那么，清明节，作为一种社会安排，就是对死亡和生活的并置。从对个体的角度看，死生的并置将"向死而生"这个永远都无法解决的矛盾赤裸裸摆开了给人看。常日里，死人的坟墓总是与活人的生活相隔很远，活着的人总会以为死亡是在自己触摸不到的距离。但清明节里，这边厢是在杨柳风、杏花雨中欢歌笑语的鲜活生命，那边厢是一丘坟土下默默无言的枯骨一把。这边厢就是自己的现在，那边厢虽是别人的现在，却也正是自己的未来。相信任何一个置身于其中的人都不会无动于衷——"该怎样活着"必然成为他的追问。

我相信不同的人会有不同的答案，也相信那众多不同的答案里都写着"热爱生命"四个大字。

热爱生命，是清明节给人的启示。但清明节给人的不仅仅是启示，还是场合与机会。它时在春天，得以向人们展示大自然的勃勃生机；它拥有众多在户外开展的习俗活动，荡秋千、放风筝、斗鸡、蹴鞠、踢毽子、踏青等，都是对参与者生命力的张扬。甚至吃青团、插柳条唱响的也是生命之歌、青春之歌。

清明节不仅令人珍爱生命，更以其精妙的安排令人能够较为坦然地面对死亡。大凡珍爱生命的人都会怀有对死亡的恐惧，但通过一次次上坟扫墓与亡者近距离的接触，生者可以慢慢接受自己正在一步步走近死亡的现实。更为重要的是，生者从中知道了，正像生者在纸钱、鲜花中感受到祖先曾在这个家族家庭里真实存在一样，知道将来有一天自己长眠地下，子孙也会在纸钱、鲜花中感受到自己的存在。是的，自己会被作为一个有所贡献者而受到祭奠，被后人记住，自己不是无依无靠的，而是死后有所归属。这样，当死亡的脚步一天天逼近时，他便不会发出"侬今葬花人笑痴，他年葬侬知是谁"这般绝望孤独的天问，他能安详而不畏惧地合上眼睛。

从对社会的角度看，清明节将死生并置，展示的将不再是"向死而生"的矛盾，而是不断死亡中的绵绵瓜瓞、生生不息。清明节以其特定的节俗活动，周而复始地向人们诉说着一个亘

〔明〕顾懿德《春绮图》

古不变的真理：祖先是我们的来源，祖先的功业是我们继续前行的起点。正是在不断的死亡、不断的新生中，历史得以伸延，国家与民族得以存续。清明节让我们尊重先人、尊重过去，清明节帮助我们建立起对过去、现在、未来关系的正确认知……

将死亡与生活并置，让人们在生中感受死，在死中感受生，于现在感受过去，于对过去的回忆中感受现在与未来，我想这就是清明节的魅力，也是它得以冲破种种不利因素而依然葆有活力的根本原因。